サービス業
教科書®

すらすら合格

サービス接遇検定

準1級・2級・3級
テキスト&問題集

西村この実 著

JN059786

本書内容に関するお問い合わせについて

このたびは翔泳社の書籍をお買い上げいただき、誠にありがとうございます。
弊社では、読者の皆様からのお問い合わせに適切に対応させていただくた
め、以下のガイドラインへのご協力をお願い致しております。下記項目をお
読みいただき、手順に従ってお問い合わせください。

ご質問される前に

弊社 Web サイトの「正誤表」をご参照ください。
これまでに判明した正誤や追加情報を掲載しています。

正誤表　https://www.shoeisha.co.jp/book/errata/

ご質問方法

弊社 Web サイトの「刊行物 Q&A」をご利用ください。

刊行物 Q&A　https://www.shoeisha.co.jp/book/qa/

インターネットをご利用でない場合は、FAX または郵便にて、
下記 "翔泳社 愛読者サービスセンター" までお問い合わせください。
電話でのご質問は、お受けしておりません。

回答について

回答は、ご質問いただいた手段によってご返事申し上げます。
ご質問の内容によっては、回答に数日ないしはそれ以上の期間を要する場合
があります。

ご質問に際してのご注意

本書の対象を越えるもの、記述個所を特定されないもの、また読者固有の環
境に起因するご質問等にはお答えできませんので、予めご了承ください。

郵便物送付先および FAX 番号

送付先住所　〒160-0006　東京都新宿区舟町5
FAX 番 号　03-5362-3818
宛　　　　先　(株)翔泳社 愛読者サービスセンター

はじめに

　本書を手にされている方は、サービスや接遇、接客という言葉は知っていてもサービス接遇検定はどのような人が受験するのか、どのように勉強するのか、どのように役立つのかと思われるでしょう。

　ビジネスはますます多様化しており、サービス業の分野だけでなく、多くの企業でお客さまへのサービスを重視しています。このことを検定という枠組みで学習できれば、仕事で役立つのではないかという考えからできたのが、サービス接遇検定です。

　接遇の場面で、心で思っていることや感じていることを表現するのは非常に難しいですが、検定の学習を進めることにより、自分の働いている業界以外のサービス接遇も学ぶことができ、仕事のスキルアップや異動、転職などに活用することができます。

　現在学生の皆さんには就職活動前に、現場で起こりえる事例をとおしてお客さまの立場になって考えることが、行動の基本になることを学習していただきたいです。

　また、社会では顧客意識の理解が求められています。ご指導なさる先生方には「心」「思いやり」をどのように表現し実践するかのご指導の第一歩としてサービス接遇検定を活用いただき、多くのサービススタッフを育成していただくことが、私の願いです。

　みなさまが本書をご活用いただき、接遇力を身につけてサービス接遇検定の合格と今後多くの場面でご活躍されることを祈念しております。

　最後になりましたが、本書の出版に際し企画の段階からご担当いただき、何度もお打ち合わせでお世話になり、お力を注いでいただきました株式会社翔泳社の野口亜由子様に心より感謝を申し上げます。

サービス接遇検定面接委員
西村この実

もくじ

第1章 サービススタッフの資質

第2章 専門知識

第3章 一般知識

第4章 対人技能

第5章 実務技能

サービス接遇検定とは

　サービス接遇検定は、サービス業務に関しての知識や技能について問う試験で、3級・2級・準1級・1級の4つの級があります。また、受験形式には従来のペーパー試験に加え、2024年1月よりコンピュータを使用して受験するCBT試験が始まりました。ここでは3級、2級の説明をします。準1級については公式サイトにて詳細を確かめてください。

試験概要 （P）は従来型のペーパー試験、（C）はCBT方式のテスト

受験資格	制限はありません。どなたでも受験できます。
試験実施時期	（P）：年2回（6月、11月）、（C）：随時
試験方法	【2級】（P）：5肢択一式20問＋記述式4問、 　　　　（C）：5肢択一式21問＋記述（入力）式3問 【3級】（P）：5肢択一式21問＋記述式3問、 　　　　（C）：5肢択一式22問＋記述（入力）式2問
試験時間	【2級】（P）：100分、（C）：80分 【3級】（P）：90分、（C）：70分
試験範囲	10ページ参照
合格基準	サービススタッフの資質 専門知識 一般知識　「理論」60％以上 対人技能 実務技能　「実務」60％以上　合格
結果発表	（P）：試験日から15日後（速報）、（C）：即時判定

　ここに記載されているのは2024年3月現在の情報です。受験の際は最新情報を確認しましょう。

試験に関する最新情報・お問い合わせ先
公益財団法人 実務技能検定協会
http://jitsumu-kentei.jp/SV/index.html
〒169-0075 東京都新宿区高田馬場1-4-15
TEL:03-3200-6675　FAX:03-3204-6758

学習のポイント

サービス接遇検定の学習を進めるにあたってのポイントを下記に記します。

1問が合否を分ける

　サービス接遇検定では、1問の正解・不正解が合否を分けることが多々あります。合否を分ける1問を落とさないためには、多くの問題を解くことに集中しがちですが、そうではなく不正解だった問題について解説をよく読み、なぜ間違えたか理解した上で解き直すことが大切です。一問一問の問題を大切にし、ポイントを押さえていくことが合格への近道なのです。

選択問題と記述問題の取り組み方

　サービス接遇問題には5肢択一の選択問題と、自分の言葉で書く記述問題があります。

　選択問題は、難易度が低い問題と高い問題がありますので、バランスよく勉強することが大切です。たとえば、正解できる簡単な問題だけをこなしても意味がないですし、必ず正解しておきたい問題を不正解にしないことも大切です。「不適当」と思うものを選ぶ問題で、不適当な選択肢が2、3つ出てくることがあります。その場合、ヒントは問題文にあります。選択肢の中で「一番不適当なもの」を読み取れるかが合否を左右します。

　一方、記述問題は適切に書けば点が取れますので、何度も書いて練習してみましょう。

解説が合否を決める

　限られた時間で学習を進めるには、不正解した問題の解説を十分に理解し、その問題を自分のものにすることが重要となります。本書はそのための解説を見やすくしていますので、確実に合格を手にする勉強方法を身につけていくことができます。

サービス接遇実務審査基準

3級

程度	領域		内容
サービス接遇実務について初歩的な理解を持ち、基本的なサービスを行うのに必要な知識、技能を持っている。	I サービススタッフの資質	(1) 必要とされる要件	① 明るさと誠実さを、備えている。 ② 適切な判断と表現を、心得ている。 ③ 身だしなみを心得ている。
		(2) 従業要件	① 良識を持ち、素直な態度がとれる。 ② 適切な行動と協調性が期待できる。 ③ 清潔感について、理解できる。 ④ 忍耐力のある行動が期待できる。
	II 専門知識	(1) サービス知識	① 良識を持ち、素直な態度がとれる。 ② 適切な行動と協調性が期待できる。 ③ 清潔感について、理解できる。 ④ 忍耐力のある行動が期待できる。
		(2) 従業知識	① 商業用語、経済用語が理解できる。
	III 一般知識	(1) 社会常識	① 社会常識が理解できる。 ② 時事問題を、一応、理解している。
	IV 対人技能	(1) 人間関係	① 一般的に、人間関係が理解できる。
		(2) 接遇知識	① 対人心理が理解できる。 ② 一般的なマナーを心得ている。 ③ 接遇者としてのマナーを心得ている。
		(3) 話し方	① 接遇用語を知っている。 ② 接遇者としての基本的な話し方が理解できる。 ③ 提示、説明の仕方が理解できる。
		(4) 服装	① 接遇者としての適切な服装が理解できる。
	V 実務技能	(1) 問題処理	① 問題処理について、理解できる。
		(2) 環境整備	① 環境整備について、理解できる。
		(3) 金品管理	① 金品の管理について、理解できる。
		(4) 社交業務	① 社交儀礼の業務について、理解できる。

2級

程度	領域		内容
サービス接遇実務について理解を持ち、一般的なサービスを行うのに必要な知識、技能を持っている。	I サービススタッフの資質	(1) 必要とされる要件	① 明るさと誠実さを、備えている。 ② 適切な判断と表現ができる。 ③ 身だしなみを心得ている。
		(2) 従業要件	① 良識を持ち、素直な態度がとれる。 ② 適切な行動と協調性のある行動を、とることができる。 ③ 清潔感について、理解できる。 ④ 忍耐力のある行動を、とることができる。
	II 専門知識	(1) サービス知識	① サービスの意義を理解できる。 ② サービスの機能を理解できる。 ③ サービスの種類を理解できる。
		(2) 従業知識	① 商業活動、経済活動が理解できる。 ② 商業用語、経済用語が理解できる。
	III 一般知識	(1) 社会常識	① 社会常識がある。 ② 時事問題を理解している。
	IV 対人技能	(1) 人間関係	① 人間関係の対処について、理解がある。
		(2) 接遇知識	① 顧客心理を理解し、能力を発揮することができる。 ② 一般的なマナーを発揮できる。 ③ 接遇者としてのマナーを、発揮することができる。
		(3) 話し方	① 接遇用語を知っている。 ② 接遇者としての話し方ができる。 ③ 提示、説明ができる。
		(4) 服装	① 接遇者としての適切な服装ができる。
	V 実務技能	(1) 問題処理	① 問題処理について、対処できる。
		(2) 環境整備	① 環境整備について、対処できる。
		(3) 金品管理	① 金品の管理について、能力を発揮できる。
		(4) 金品搬送	① 送金、運搬について、理解できる。
		(5) 社交業務	① 社交儀礼の業務について、処理できる能力がある。

準1級

サービス接遇担当者としての口頭表現について面接による簡単な審査を行う。

本書の使い方

3級、2級の学習方法

　本書では3級、2級の試験範囲はすべてカバーされています。3級では一般的な内容でサービスの基本が問われ、2級では難易度が高い専門性が高いものが問われますが、試験範囲は同じですので、一度に学習を進めることができます。

　各章はいくつかのLessonに分かれ、Lessonは解説と問題に分かれています。

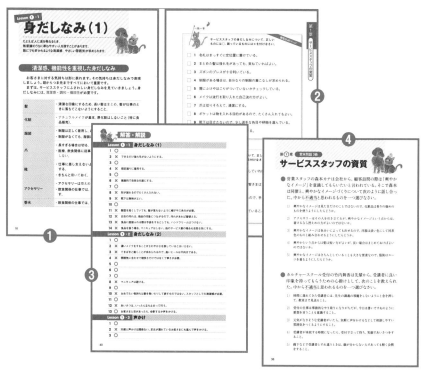

❶まず、解説をよく読む

❷一問一答を解く

❸章末の解答を確認する。間違った問題は、解説も読んで、再度問題を解く

❹章末の練習問題を解く

　各章末には、3級、2級それぞれの練習問題が本試験に近い形式で掲載されています。解答・解説は章末にあります。

　合格には、このステップの繰り返しが大切です。間違った問題はそのままにしないこと！

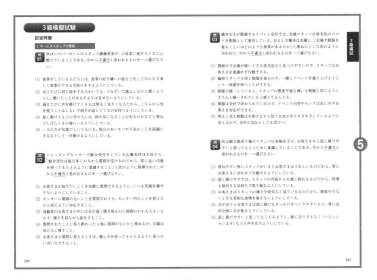

❺本番に試験に向けて模擬試験を解く

巻末に模擬試験があります。実際の試験問題と同じ形式（領域）、問題数です。試験と同様に時間を計って解きましょう。間違えたところはきちんと復習しましょう。

準1級の学習方法

準1級は面接のみの試験です。第6章で実際の試験に準じ、順を追って解説します。各課題については事前に練習しておくとよいでしょう。

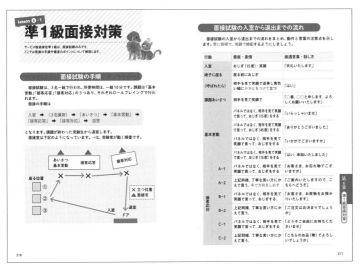

読者特典について

本書では下記の読者特典を用意しております。

❶ Web アプリ

各 Lesson に掲載されている一問一答の演習問題をすべて収録した Web アプリ
をご利用いただけます。いつでもどこでも隙間時間を利用して学習を進めること
ができます。

❷ 解説動画

著者による模擬試験の動画解説があります。直接講義を聞いて、さらに理解を
深めることができます。

❸ 解答用紙

模擬試験の解答用紙を PDF で提供します。印刷してご活用ください。

❹ 指導者向けの授業モデル

本書を使って指導をされる先生方へ向けた授業日程と指導のポイントをまとめ
たモデルをご用意しています。

これらの読者特典をご利用になるには、お持ちのスマートフォン、タブレッ
ト、パソコンなどから下記の URL にアクセスしてください。画面の指示に従い、
アクセスキーの入力し進んでください。なお、画面で指定された箇所のアクセス
キーを半角英数字で、大文字、小文字を区別して入力してください。

❶

https://www.shoeisha.co.jp/book/exam/9784798170053

❷❸❹

https://www.shoeisha.co.jp/book/present/9784798170053

※会員特典データのダウンロードには、SHOEISHA iD（翔泳社が運営する無料の会員制度）への会員
　登録が必要です。詳しくは、Web サイトをご覧ください。
※会員特典データに関する権利は著者および株式会社翔泳社が所有しています。許可なく配布した
　り、Web サイトに転載することはできません。
※会員特典データの提供は予告なく終了することがあります。あらかじめご了承ください。

第 1 章

サービススタッフ
の資質

アクセスキー　**7**
（数字のなな）

身だしなみ（1）

たとえば人に道を尋ねるとき、
無意識のうちに尋ねやすい人を探すことがあります。
誰にでも好かれるような清潔感、やさしい雰囲気が求められます。

清潔感、機能性を重視した身だしなみ

　お客さまに対する気持ちは形に表れます。その気持ちは身だしなみで表現しましょう。頭からつま先まですべてにおいて重要です。
　まずは、サービススタッフにふさわしい身だしなみを見ていきましょう。身だしなみには、清潔感・調和・機能性が必要です。

髪	・清潔な印象にするため、長い髪はまとめ、髪が仕事のときに落ちてこないようにすること。
化粧	・ナチュラルメイクが基本。厚化粧はしないこと（特に食品販売）。
服装	・制服は正しく着用し、おしゃれより機能を重視する。 ・制服がなくても、服装は派手にしないこと。
爪	・長すぎる場合は切る。 ・医療、飲食関係に従事する場合、勤務中はマニキュアをしない。
靴	・仕事に差し支えないようにヒールの高すぎないものにする。 ・きちんと磨いておく。
アクセサリー	・アクセサリーは控えめにする。 ・飲食関係の仕事では、仕事中はイヤリング、指輪をはずす。
香水	・飲食関係の仕事では、香水をつけない。

一問一答

サービススタッフの身だしなみについて、正しいものには〇、誤っているものには×を付けなさい。

解答は40ページ

- [ ] **1** 名札はまっすぐに定位置に着けている。
- [ ] **2** まとめた髪は後れ毛があっても、束ねていればよい。
- [ ] **3** ズボンのプレスが十分利いている。
- [ ] **4** 制服がある場合は、自分なりの制服の着こなしが求められる。
- [ ] **5** 肩にふけやほこりがついていないかチェックしている。
- [ ] **6** メイクは流行を取り入れた自己流の方がよい。
- [ ] **7** 爪は切りそろえて、清潔にする。
- [ ] **8** ポケットは物を入れる目的があるので、たくさん入れてもよい。
- [ ] **9** 靴下は目立たないので、少し派手な色目や柄物を選んでいる。
- [ ] **10** 香りの強いコロンや整髪料は避ける。

一問一答

食品売り場の身だしなみについて、正しいものには〇、誤っているものには×を付けなさい。

解答は40ページ

- [ ] **11** 清潔感のある髪型で、短くカットしていれば、帽子や三角巾を着用しなくてもよい。
- [ ] **12** 仕事用の白衣が汚れていても、お客さまは食品の汚れとわかってくれるから、そのまま着用する。
- [ ] **13** 食品に直接ふれる際は手袋をするので、手にはハンドクリームをつけていてもよい。
- [ ] **14** 手元はよく見えるので、気を遣っていることを示すため、色の濃いマニキュアをする。

身だしなみ（2）

お客さまへの印象は服装で決まります。服装と言えば、制服、
ユニフォームがありますが、その着こなしに気を配ることが必要です。
それが第一印象につながるからです。

お客さまへの印象は服装で変わる

　それぞれの仕事にふさわしい服装があります。例えば、ホテルの制服は次の
ような印象を与えます。

- きちんとした印象。
- 落ち着いた雰囲気。
- さわやかで明るい印象。
- すっきりした着こなしで清潔感がある。

つまり、制服を崩さずきちんと着こなすことがホテルの顔となります。

　結婚披露宴会場のようなところでは、晴れの席ですので、参会者は服装を整
え、華やいだ話をしています。そのような場でサービスする際は次のことに気
を配ります。

- 清潔感に気を付ける。
- 明るさと軽快さをもった態度、振る舞いをする。
- その場の主役ではないサービス担当者は香水などをつけない。

　食品売り場のスタッフの身だしなみは、お客さまに不快な感じを与えない
ようにすることが大切です。

- 髪・服装・靴を整える。
- 制服が汚れた場合はすぐに着替える（常に清潔な印象になるように）。
- 靴は機敏に動けるものにする。

一問一答

レストランスタッフの接客のときの身だしなみや
態度について、正しいものには○、誤っているもの
には×を付けなさい。

解答は40ページ

☐ **1** サービススタッフには清潔な感じが必要なので、長い髪はまとめるようにした。

☐ **2** 店の雰囲気のさわやかさを表すため、いつもより濃いメイクをした。

☐ **3** サービススタッフはきれいに見えることが必要なので、靴は高いヒールのものにした。

☐ **4** 料理を運んだりするときは、素早くするようにする。

☐ **5** お客さまに手元を見られることが多いので、爪はきれいに切りそろえた。

☐ **6** お客さまに与える印象は健康的でないといけないので、顔色がよくないときは化粧の仕方を工夫した。

☐ **7** 飲食物を扱う仕事なので、オーデコロンやにおいの強い化粧品は避けるようにした。

☐ **8** サービスのときの手先は目立つので、爪の形を整えマニキュアはピンク色にした。

☐ **9** お祝いの席だというお客さまだったので、自分も明るい表情を心がけた。

☐ **10** 予約のお客さまは誕生日祝いということだったので、メイクはふだんより明るめにし、髪は巻いた。

☐ **11** フロントが混雑している時間に「少々お時間がかかり、申し訳ございません」と言った。

☐ **12** お客さまとすれ違うときは、お客さまを見ながら通りすがりに「いらっしゃいませ」とあいさつをした。

☐ **13** お客さまと目があったので、「何かご用でございましょうか」と声をかけた。

声かけ

適切な声かけや感じのよい話し方は、お客さまからも話しかけやすい、
相談しやすいという良い印象をもっていただけます。
やさしく、きちんと、節度をもって、感じよく言いましょう。

好意をもってもらえる感じのよい話し方

　適切な声かけや感じのよい話し方のポイントは、明るく、さわやかに、自分から積極的にお声かけやあいさつをすることです。

- お客さまにはいつも笑顔で接し、なんでも気軽に相談できるというような親しみやすい雰囲気を心がける。
- お客さまに声をかけるときは、生き生きとした張りのある言い方をする。
- お客さまのペースに合わせた声かけをする。

　以下は、基本の用語です。サービス接遇検定準1級の面接試験における基本言動の課題にもなっています。表情、おじぎ、話し方を気にしながら、下記の4つの言葉を練習するようにしましょう。

「いらっしゃいませ」	お客さまを迎えるときに言う。
「ありがとうございました」	お客さまが帰るときに言う。
「はい、承知いたしました」	お客さまに何か言われたときに言う。
「いかがでございますか」	お客さまに品物を見せたときに言う。

様子を見ながら適切な声かけをする

　ブティックなどに勤務しているスタッフは、お客さまの様子を見ながら適切な言葉をかけることが重要です。
　買い回りで、同じような店を見ながら欲しいものを探し歩くことが目的なら、数人で談笑しながらということはよくあります。来店したのだから、何らかの目的があるのでしょうが、見るだけのお客さまもいます。したがって、単刀直入に質問のような尋ね方はしないようにします。
　お客さまへの声かけが決め手になることを覚えておきましょう。

一問一答

ホテルのロビーでのお客さま案内係が、お客さまへの声かけで心がけていることで、正しいものには○、誤っているものには×を付けなさい。

解答は40ページ

☐ **1** お客さまが声をかけようとしたときは、気配だけであっても近づいてお声をかけている。

☐ **2** 大雨の日のお客さまは洋服も足元も濡れていて気分が悪いだろうから、「いらっしゃいませ」も明るくは言わないようにしている。

☐ **3** ロビーで待機しているときは、ロビー全体のお客さまを視野に入れて、すぐにお客さまに声かけができるようにしている。

☐ **4** 常連のお客さまが帰るときは、「いつもありがとうございます」とだけ言うようにしている。

☐ **5** お客さまをお連れしながら案内するときは、安心してもらえるように声かけは控えるようにし、無言でいるようにしている。

☐ **6** 初めて宿泊されたお客さまが帰るときは、「ありがとうございました」とだけ言うようにしている。

☐ **7** せかせかしているお客さまを案内するときは、「お急ぎでいらっしゃいますね」とわかっていることを伝えて、お客さまのペースに合わせている。

☐ **8** 風の強い日に、髪の乱れを気にしながら来られたお客さまには、「化粧室はこちらでございます」と言っている。

☐ **9** 近づいてくるお客さまへは、声をかけてくれるのを待つように視線を向けるだけにしている。

☐ **10** お客さまから預かっていたバッグをお渡ししたときは、「念のため、中をご確認ください」と言っている。

第1章 サービススタッフの資質

21

Lesson ❶ - 4

おじぎ

お客さまをお迎えするのにふさわしい
立ち居振る舞いに注意しましょう。
おじぎにもいくつか種類があります。

お客さまをお迎えする立ち居振る舞い

　お客さまをお迎えするには、ふさわしい立ち居振る舞いがあります。次のことに注意をしましょう。

- 礼儀正しいおじぎ（背筋をのばして、下げたとき一瞬とめる）を心掛ける。
- お客さまには丁寧に、腰を低くして対応する。
- お客さまをお待たせしないように、てきぱきとした態度をとる。
- 他のお客さまの接客中でも、目があったお客さまには目礼をする。
- おじぎをしたあとはお客さまとアイコンタントをとる。

　おじぎにはいくつかの種類があります。

会釈	15度	すれ違う時「失礼いたします」
敬礼	30度	お客さまを迎える時「いらっしゃいませ」 あいさつ「おはようございます」
最敬礼	45度	お礼「ありがとうございます」 お詫び「申し訳ございません」

　立ち方の注意点としては、待機の姿勢は常にお客さまから見られているという意識をもつということです。

22

会釈　15度　　敬礼　30度　　最敬礼　45度

第1章　サービススタッフの資質

一問一答

お客さまをお迎えするときのおじぎについて、正しいものには○、誤っているものには×を付けなさい。

解答は41ページ

☐ **1** 常に、お客さまをお迎えする基本の立ち姿で立つ。

☐ **2** おじぎをするときは、お客さまを見つけたら、歩きながらでもすぐにする。

☐ **3** おじぎをする前後は頭を下げるので、相手を見ることはしない。

☐ **4** おじぎの丁寧さは頭を下げる角度で決まるので、背中はやや曲げる方が相手に気持ちが伝わる。

☐ **5** おじぎは下げてすばやく上げることで、お客さまをお待たせしない。

☐ **6** 下げた頭を戻すときはすばやく上げる方が丁寧なおじぎになる。

☐ **7** おじぎをする以外のときも手の位置は常に体の前で重ねる。

☐ **8** 頭を下げたときの手が一緒に下がらないようにする。

☐ **9** 来店されたお客さまへのおじぎは丁寧な方がよいので、必ず最敬礼のおじぎをする。

☐ **10** おじぎの丁寧さは下げる角度で決まるので、おじぎを上げた際のアイコンタクトは必要ない。

表情

スタッフの表情が明るいと感じがよく、
誠実な印象を与えます。
表情はさわやかで、明るく、おだやかで、柔らかいことが重要です。

明るい表情

　スタッフが明るい表情でいると、感じがよく、お客さまに誠実な印象を与えることができます。笑顔を大切にしましょう。表情づくりは、口元、目元、心がポイントです。

口元	口角を上げましょう。
目元	相手をおだやかに見ましょう。
心	お客さまを歓迎する気持ちで。

- いつもお客さまの立場に立って誠意ある対応ができる。　➡信頼感
- いつもやわらかい表情でお客さまを迎えることができる。　➡安心感
- いつも明るい表情で生き生きした応対ができる。　➡来店してよかった、買い物が楽しいという気持ちになれる
- いつも明るく振る舞うことができる。　➡店の雰囲気が明るい
- いつも明るい表情ができる。　➡お客さまが気軽に声をかけられる

　お化粧が濃くて能面をかぶったような表情のない顔をしている人や、見るからに忙しそうな人は、無意識のうちにまわりの人をシャットアウトしてしまいます。お客さまは、そういう販売員は避けています。

一問一答

先輩のサービススタッフから「明るい表情は明るい
印象になる」と教えられた。その理由について考えたこと
として、正しいものには○、誤っているものには×を付け
なさい。

解答は 41 ページ

☐ **1** 生き生きとした印象になるから。

☐ **2** お客さまとの受け答えが、てきぱきする印象になるから。

☐ **3** お客さまを案内するとき、早く案内することを優先してくれる印象になるから。

☐ **4** お客さまが声をかけやすい印象になるから。

☐ **5** こちらから言わなくてもお客さまが察して先に言ってくれるようになりそうだから。

☐ **6** お客さまに心地よさを感じてもらえる印象になるから。

☐ **7** スタッフに親しみを感じてもらえるから。

☐ **8** 店の雰囲気が良いと感じてもらえるから。

☐ **9** 料金が安いと感じてもらえるから。

☐ **10** 店に気安さを感じてもらえるから。

言葉遣い

お客さまを思う気持ちは言葉遣いにも表れます。
正しい言葉遣いを知っておきましょう。

接遇の言葉遣い

お客さまを思う気持ちを言葉遣いで表すポイントは次の通りです。

- 分かりやすい言葉を使う
- 専門用語は避ける
- 正しい敬語を使う（→Lesson4-9 〜 4-11 参照）
- 言葉遣いは丁寧に
- きちんとした印象を与えるようにする
- クッション言葉を使う（例：よろしければ）
- 「お」「ご」をつける（例：電話→お電話）
- 指示代名詞も丁寧に（例：これ→こちら）

普通の言葉遣い	接遇の言葉遣い
ここに座ってください。	恐れ入りますが、こちらにおかけいただけますか。
今、混んでいるので、ちょっと待ってもらえますか。	ただいま、混みあっておりますので、少々お待ちいただけますか。
よかったら、案内しましょうか。	よろしければ、ご案内いたしましょうか。
わかりました。	かしこまりました。
これに名前を書いてもらえませんか。	お手数ですが、こちらにお名前をお書きいただけませんか。
この説明書を読んでください。	こちらの説明書をお読みいただけますか。
（担当者対応中にあった電話に対して）すいませんが、吉田は、今はいません。	申し訳ございませんが、ただいま吉田はお客さまに応対しております。

普通の言葉遣い	接遇の言葉遣い
ごめんなさい、もう一度来てもらえますか。	申し訳ございません。お手数をおかけいたしますが、改めてお越しいただけますか。
携帯、やめてもらえますか。	申し訳ございませんが、携帯電話はご遠慮ください。
雨が降っているので、気を付けて帰ってください。	お足元にお気を付けて、お帰りくださいませ。

一問一答

レストランでのスタッフのお客さまへの言葉遣いとして、正しいものには○、誤っているものには×を付けなさい。

解答は41ページ

- [ ] **1** 予約の客かどうか聞くときに「予約はしてくれましたか」。

- [ ] **2** 席に案内するために人数を聞くときに「ご案内いたしますが、何名さまでしょうか」。

- [ ] **3** 席に案内したときに「こちらのお席でよろしかったでしょうか」。

- [ ] **4** 来店してくれた礼を言うときに「ご来店くださいまして、ありがとうございます」。

- [ ] **5** 飲み物の希望を聞くときに「お飲み物の希望を言ってください」。

- [ ] **6** お薦めを聞かれたときに「こちらはぜひ召し上がっていただきたい一品でございます」。

- [ ] **7** 料理を追加したいと言われたときに「メニューをご覧になられますか」。

- [ ] **8** 熱いうちに食べてほしいときに「お熱いうちにお召し上がられてください」。

- [ ] **9** デザートを出してよいか聞くときに「デザートを提供してもよろしいでしょうか」。

- [ ] **10** 詳しい料理方法を聞かれたときに「ただ今調査して参りますので、少々お待ちくださいませ」。

求められる行動

ここではサービススタッフに求められる行動を学びます。
お客さまには、生き生きとした、
感じのよい応対をするようにしましょう。

サービススタッフに求められる行動

　　サービススタッフに求められることは、次のような適切な行動や忍耐力の
ある行動、協調性のある行動、臨機応変な行動です。

適切な行動	・人あたりが良いこと。 ・表情を明るく、やわらかくすること。 ・お客さまに親近感をもってもらえる態度で臨むこと。 ・お客さまへの言い方（調子）を感じよくすること。 ・常にお客さまを意識していること。
忍耐力のある行動	・どのようなお客さまに対しても謙虚な態度で臨むこと。 ・目標に対して、きちんと行動すること。 ・お客さまを第一に考えること。 ・より細やかな対応をすること。 ・よりよい対応を常に考えること。
協調性のある行動	・周囲と協力すること。 ・他のスタッフとの関係づくりをすること。 　・関係がよくなれば、職場の雰囲気もよくなる。 　・さらに仕事も楽しくなる。 ・仕事への前向きな気持ちをもつこと。 　・そうすれば、お客さま対応もよくなる。
臨機応変な行動	・荷物で手がふさがっていて品が選びにくそうなお客さまには「荷物をお預かりしましょうか」と尋ねること。 ・品物を探しているようなお客さまには、「どのような品をお探しですか」とこちらから尋ねること。 ・買い上げ品を手提げの袋で渡すときは、ほかの品物をもっていたら、「一緒にしましょうか」と尋ねること。

一問一答

販売店員のお客さまへの対応に関して、正しいものには○、誤っているものには×を付けなさい。

解答は42ページ

☐ 1 感じの良いスタッフが多いと、普通よりも高い値段で売ることができる。

☐ 2 買う気のなさそうなお客さまからの質問は、時間をかけずに対応している。

☐ 3 お客さまが商品についてちょっと尋ねたいとき、スタッフの感じが良いと尋ねやすい。

☐ 4 お客さまにせかせかした印象を持たれないように、常に落ちついてゆっくり行動している。

☐ 5 お客さまが商品選びに迷ったとき、スタッフの感じが良いとアドバイスを求めやすい。

☐ 6 忙しそうな振る舞いをしていたほうが、店の雰囲気に活気が出るので、常に忙しそうな対応をしている。

☐ 7 スタッフの感じが良いと、お客さまは気持ちよく買い物ができる。

☐ 8 お客さまから嫌なことを言われてもその時は我慢し、常連客が来たら話しておく。

☐ 9 スタッフの感じが良いと、買わないで見るだけのお客さまであっても好感をもっていただける。

☐ 10 友達に接するような話し方をするお客さまに対しては、お客さまの気持ちをくんで相手に合わせた話し方をする。

☐ 11 お客さまと話すときは、声をできるだけ大きくするとわかりやすい。

☐ 12 商品をお渡しした後に、お釣りを渡すと、お客さまがお釣りを確認しやすくてよい。

☐ 13 包装中にお客さまから声をかけられたら、作業の手はそのままで「ただいま参ります」と言う。

☐ 14 お客さまから呼ばれたがすぐに行けないときは、まずはお客さまを見て、急いでいることを確認したら行動する。

明るさと誠実さ

サービス業には、愛嬌とサービスマインドが必要です。
ここではお客さまに感じがよいと思ってもらえること、
お客さまの気持ちを考えた態度・言葉を学びます。

愛嬌とサービスマインド

　　サービス業は、サービスマインドが求められます。お客さまの気持ちを考え
た態度、言葉がサービスマインドです。その基本は、明るさと誠実さです。
　　お客さまに感じがいいと思ってもらえるようなことを行うこと、温かく親
切であること、お客さまに意識を向けることが大切です。

　　例えば、レストランのスタッフであれば、下記のようなことに注意して応対
します。

- やわらかい表情で、お客さまを見たら声をかけて、笑顔を向ける。
- 「こんにちは、いらっしゃいませ」と言って出迎える。
- 歓迎の気持ちを表情と態度（おじぎ）で表現する。
- 行き先に不安な気持ちにならないように、はっきりと「お席へご案内い
たします」と言ってご案内する。
- 帰るお客さまには「ありがとうございました。お気を付けて」などと言っ
てお見送りする。
- 待ってもらったお客さまには、最初に待たせて申し訳なかったとわびる。
- 忙しいときには早口になりがちなので、いつも落ち着いた丁寧な調子で
話すようにする。
- 注文を迷っているお客さまには、おすすめを伝えて参考にしてもらう。
- お客さまから料理について尋ねられたら、言葉だけでなく、表情も柔ら
かくして答える。

一問一答

スーパーマーケットの案内係が明るいとどのように感じられるか。正しいものには○、誤っているものには×を付けなさい。

解答は42ページ

- [ ] **1** 店の雰囲気が良いと感じてもらえる。
- [ ] **2** 客として心地よさを感じてもらえる。
- [ ] **3** 明るさは表情だけで表現できるので、話し方は普通の方が好感を持ってもらえる。
- [ ] **4** 店に気安さを感じてもらえる。
- [ ] **5** 料金が格安と感じてもらえる。
- [ ] **6** スタッフに親しみを感じてもらえる。
- [ ] **7** グループ客には、話しながら一緒に歩くようにするとざっくばらんな感じがすると思ってもらえる。

一問一答

スーパーマーケットのスタッフがお客さまへの応対で気を付けていることとして、正しいものには○、誤っているものには×を付けなさい。

解答は43ページ

- [ ] **8** お客さまを案内中は、他のお客さまと会ってもあいさつしない方が気安さを感じてもらえてよい。
- [ ] **9** 年配のお客さまには前もってゆっくり歩くことに了解を得ると安心してもらえてよい。
- [ ] **10** えらそうな態度のお客さまから話しかけられても、愛想よく応対する。
- [ ] **11** お客さまには公平に接する必要があるので、子どもに対してもきちんとした話し方と丁寧な言葉遣いをする。
- [ ] **12** お客さまが商品選びに迷って、商品を触っていても気にしない。
- [ ] **13** お客さまにおわびをするときは、暗い表情でわびる。

いたわりのある対応

病院などでは、患者さまへいたわりと思いやりのある応対が求められます。
いたわりの気持ちを具体的な事例とともに学んでいきましょう。

患者さまへの対応はいたわりと思いやり

　いたわりは、患者さまの病気のことを心配して、病気が早くよくなるように願う気持ちです。思いやりのある対応とは、動作を手助けしたり、言葉をかけたりすることです。

　これから社会は若くて身体機能が健康な人を基準とした道路、建物、機器、サービスなどから、すべての人が楽しむ権利があるというノーマライゼーション社会の考え方になっていきます。

　検定では、いたわりの気持ちを具体的な事例で考える問題が出題されます。ポイントは次の2つです。

- 患者さまの立場で考える。
- 患者さまを常に見守る。

　具体的には、次のように接するといいでしょう。

動作の手助けのとき	「ゆっくりでいいですよ、どうぞ私につかまってくださいね」などと声かけをする。
不安な気持ちの患者さまに対して	少し元気を引き出すような言い方も必要。患者さまの様子をよく見て、「いかがなさいましたか」と不安な気持ちに寄り添うような声をかける。
再診察の患者さまに対して	「その後いかがですか」と経過を尋ねるような気配りをする。
診察が終わった患者さまに対して	「お大事になさってください」などと声をかける。

一問一答

病院の受付スタッフの患者さまへの対応について、
正しいものには○、誤っているものには×を付け
なさい。

一問一答

病院の受付スタッフの患者さまへの対応について、正しいものには○、誤っているものには×を付けなさい。

解答は43ページ

1. 患者さまを受け付けるときは、こちらからあいさつをして相談しやすい雰囲気をつくる。

2. 医療費の改定やお知らせは掲示するが、掲示したらそれを読めばいいので関係しそうな患者さまにも言わないでいる。

3. 病気が心配で表情も沈んでいる人を受け付けるときは、声をかけずに黙っている。

4. 会計で患者さまの名前を呼ぶときは、書類を見て間違えないように呼んでいる。

5. 他のスタッフと話している患者さまのそばを通るときは、話に集中できるように下を向いて通り過ぎる。

6. 会計の内容について聞かれたとき、こちらでは答えられないから直接医師に尋ねてもらいたいと言う。

7. 今は自分の担当ではない入院中の患者さまと廊下ですれ違ったときは、会釈だけしている。

8. 釣り銭の確認は、患者さまに見えるようにして数え、渡した後にお確かめくださいと言う。

9. 混んでいて待ち時間が長くなりそうなときは、受け付けるときに長くかかることだけ伝える。

10. 金銭の受け渡しはトレーで行っているが、受け取るときは患者さまの顔を見ないで、トレーの金額を確かめている。

11. 院内で迷っている患者さまには、「ご案内しましょうか」と声をかける。

12. 入院の説明は長くなるので、ポイントのみを短く話すように気を付ける。

13. 病院に来る患者さまの家族にも、ねぎらいの言葉をかけるようにする。

信頼される対応

お客さまと接するにあたっては、相手の立場になり、
相手の欲していることを感じとり、対応する力が求められます。

お客さま第一の接遇

　どんな場面でも、お客さま第一の立場で対応することが大切です。検定では、銀行や病院、ホテルや販売店、レストランなどの場面での対応について出題されます。

　たとえば、ホテルの案内係は、その場のイメージを作りますので、次のような対応が求められます。

- フロント
  - いつも明るくにこやかな表情でいる。
  - きびきびとした動作で対応する。
- 館内
  - 館内で迷っている様子のお客さまには、声をかける。
  - 行き方を尋ねられたら、その場所まで案内する。

その他、お客さまに対して信頼される接遇の心がまえは次の通りです。
- お客さまのわがままと思われることでも、できる限り応える努力をする。
- お客さまが声を掛けやすいように、勤務中はいつも柔和な表情をする。
- お客さまに満足してもらうために、お客さまに奉仕をしようという気持ちで接する。

お店としては、次のことが求められます。
- 他のところとは異なる点、つまり差別化できる独自の良さがある。
- 付加価値がある。
- 格式がある。

一問一答

銀行でのお客さまへの対応について、正しいもの
には○、誤っているものには×を付けなさい。

解答は43ページ

- [ ] **1** 記入の仕方がよくわからないという年配の人に、「記入台に見本がある」と案内している。

- [ ] **2** ATMの操作に手間取っているお客さまには、操作に慣れてもらうために、声を掛けるのは少し様子を見てからにしている。

- [ ] **3** 駐車券を持ってきょろきょろしているお客さまに「駐車券はこちらで受け付けています」と案内する。

- [ ] **4** 窓口では、整理券を取ってもらっておおよその待ち時間を伝え、そのころ来てもらうのでもよいと言うようにしている。

- [ ] **5** トイレはどこかと尋ねてきたお客さまに「銀行を出て同じフロアにございます」と案内する。

- [ ] **6** 記入台がすべて使われていてお客さまが待っているときは、「順番ですのでお並びください」と案内する。

- [ ] **7** 記入用紙を書き損じたというお客さまに「今度は注意してください。今回はもう一枚お渡しします」と伝える。

- [ ] **8** 毎日のように来店するお客さまには、「こんにちは」だけでなく、一言天気の話などをするようにしている。

- [ ] **9** 窓口で記入用紙はどこにあるのかと尋ねてきたお客さまに「記入台に用意してありますが、こちらでもお渡しできます」と丁寧に案内する。

- [ ] **10** 雨の日は、来店したお客さまが足を滑らせることのないように、ぬれているお客さまに「外で靴を拭いてください」と案内する。

- [ ] **11** 自分の番号札を持って迷っているお客さまには、「順番は過ぎました。お声をおかけいただければよかったですね」と丁寧に言う。

- [ ] **12** どの窓口か探している人がいたら、お客さまから声をかけやすいように、近づいていくようにする。

- [ ] **13** フロアを歩くときは、周囲を見ながら、ゆっくり歩くようにする。

サービススタッフの資質

❶ 営業スタッフの森本カナは会社から、顧客訪問の際は「爽やかなイメージ」を意識してもらいたいと言われている。そこで森本は同僚と、爽やかなイメージづくりについて次のように話し合った。中から不適当と思われるものを一つ選びなさい。

1) 爽やかなイメージは見た目だけのことではないので、化粧品は香りの強めのものを使うようにしたらどうか。

2) アクセサリーはその人を引き立てるが、爽やかなイメージという点からは、着けるなら控えめの方がよいのではないか。

3) 爽やかなイメージは色合いによっても出せるので、洋服は淡い色にして同系色のものと組み合わせるようにしたらどうか。

4) 爽やかという点からは髪は短い方がよいが、長い場合はまとめておけばよいのではないか。

5) 爽やかなイメージはきちんとしていることも大きな要素なので、服装はスーツを着るようにしたらどうか。

❷ カルチャースクール受付の竹内舞香は先輩から、受講者に良い印象を持ってもらうための心掛けとして、次のことを教えられた。中から不適当と思われるものを一つ選びなさい。

1) 時間に遅れてきた受講者には、先生の講義の邪魔をしないようにと念を押して、教室まで見送ること。

2) 受付の仕事は事務的なやり取りになりがちだが、今日は暑いですねのように愛想を言うことも意識すること。

3) 元気がなさそうな受講者がいたら、気軽に声をかけるなどして相談しやすい雰囲気をつくるようにすること。

4) 受講者が来校する時間になったら、受付で立って待ち、笑顔であいさつをすること。

5) 廊下などで受講者とすれ違うときは、顔が分からない人であっても軽く会釈をすること。

❸ ホテルに就職した根本雅弥はチーフから、お客さま応対は気を
利かせることが必要と言われた。次は根本が、どのようなことを
するのが気を利かせることか考えたことである。中から不適当と
思われるものを一つ選びなさい。

1) 家族で宿泊のお客さまには、代表の方だけフロントへ来てもらうよう言い、
連れの家族はロビーで待てるようにすることではないか。

2) チェックアウトの列に並びながらタクシーはすぐ来るかと尋ねるお客さまに
は、呼んでおきますと言ってすぐ手配するようなことではないか。

3) ホテルに入ってくるお客さまを見たらすぐに駆け寄り、いらっしゃいませと
言って荷物を預かることではないか。

4) 出かけてくるとフロントへ鍵を出したお客さまには、お気を付けてと言った
後、部屋番号をお忘れなくと注意を促すことではないか。

5) きょろきょろと何かを探している様子のお客さまがいたら、何かお探しです
かと声を掛けるようなことではないか。

❹ ビューティーサロンスタッフの岡田凛は店長から、「いつも生き
生きとした振る舞いを意識すること」と言われた。次はそのとき
岡田が、具体的にはどのようにすればよいか考えたことである。
中から不適当と思われるものを一つ選びなさい。

1) サロン内を行き来するときは、周りに気を配りながらもてきぱきと歩くよう
にしようか。

2) お客さまが帰るときは、感謝の気持ちを表すために、深くゆっくりおじぎを
するようにしようか。

3) お客さまを席に案内するときは、「こちらにどうぞ」と明るく言いながらさっ
と手で示すようにしようか。

4) お客さまからの質問には、張りを持たせた声で元気よく答えるようにしよう
か。

5) お客さまに呼ばれたときは、すぐに近寄り前かがみの姿勢で話を聞くように
しようか。

サービススタッフの資質

❶ 介護福祉センターの新人須藤悠花は、先輩と二人で訪問介護の担当をすることになった。次は須藤が、少しでも早く訪問介護の仕事に慣れるために心掛けていることである。中から不適当と思われるものを一つ選びなさい。

1) 訪問先からセンターに戻ってきたら、訪問先の様子をすぐにメモしておいて、次の訪問に生かせるようにしている。

2) 介助中にやり方の分からないことが出てきたときは遠慮せずに、どうすればよいかを介助の相手に尋ねるようにしている。

3) 初めての訪問先で自分を名乗るときは、顔と名前を覚えてもらうために明るい表情とはきはきした話し方をするようにしている。

4) 訪問したときは、事前に教えられたことを意識しながら行うが、当日の先輩のやり方もよく見るようにしている。

5) 業務を終えたらその日のうちに、先輩に改めることはないかを尋ねて、同じ失敗を繰り返さないようにしている。

❷ 市役所勤務の太刀掛こころは、市が主催するバスツアーの参加者世話役として同行することになった。次はそのとき先輩から、太刀掛が同行するに当たり意識することとして指導されたことである。中から不適当と思われるものを一つ選びなさい。

1) 道路混雑で運行が遅れてお客さまがいらいらしているときは、到着後のスケジュールなどを話して気を紛らわしてもらうようにすること。

2) バスを降りて目的地に向かうときなどは黙って歩かず、天気でも花でも目に付いたものを話題にして、話しかけながら歩くこと。

3) 出発まで時間に余裕があるときはできるだけ多くの人に話しかけて、気安く要望を言いやすい雰囲気をつくるようにすること。

4) 同じ市民とはいえ参加者同士は初対面なので、多くの人に話題を振って打ち解ける橋渡し役になること。

5) 集合時間に毎回遅れる人の苦情を言ってくる人がいたら、お互いさまですからと言って笑顔で対応すること。

❸ 婦人服店のスタッフ上白石楓花は店長から、「あなたのお客さま応対は丁寧でよいが、販売スタッフだから、もっと親近感のある接し方を意識すること」と言われた。次はそのとき上白石が、具体的にどのようにすればよいか考えたことである。中から<u>不適当</u>と思われるものを一つ選びなさい。

1) 目移りして一つに絞れないというお客さまには、それなら全部購入すれば後悔しなくて済むかもしれないと言うことではないか。

2) 初めて来店するお客さまには丁寧に接するのが基本だが、今日は仕事の帰りかなどと世間話をまじえながら応対することではないか。

3) 前に応対したことのあるお客さまには、この前の服も似合っていたが、今回は選ばせてもらいたいなどと自分から声を掛けることではないか。

4) お客さまが選んだ服の会計をするとき、仕立てが良く評判も良い品なので目が高いと言って褒めることではないか。

5) 雑誌に掲載されて品切れをしていた商品を希望するお客さまに対し、明日に入荷すると知らせたときに、運がよいと一緒に喜ぶことではないか。

❹ 次は、銀行の営業スタッフ立町雄介が担当している懇意のお客さまとよい関係を保つために日頃から心掛けていることである。中から<u>不適当</u>と思われるものを一つ選びなさい。

1) 留守番電話に伝言を残すときは、こちらからかけ直す日時を知らせ、念のために自分の携帯電話の番号も言うようにしている。

2) いつ電話しても留守番電話のお客さまには、忙しいようなので次からは勤務先に電話をさせてもらうと伝言を残すようにしている。

3) 約束はせずに訪れたお客さまが不在のときは、近くに来たので寄ったというメモと一緒に名刺をポストに入れて帰るようにしている。

4) お客さまから連絡が来たときは、こちらも訪ねたいと思っていたと調子を合わせ、連絡をくれた礼を言うようにしている。

5) 新商品の紹介をしてもお客さまが気乗りしていないと感じたときは、パンフレットを渡して説明は手短にするようにしている。

解答・解説

Lesson ❶ - 1　身だしなみ（1）

1	○	
2	✕	できるだけ後れ毛がないようにする。
3	○	
4	✕	規定通りに着用する。
5	○	
6	✕	健康的で自然な化粧にする。
7	○	
8	✕	形が崩れるのでたくさん入れない。
9	✕	靴下は無地がよい。
10	○	
11	✕	髪型を短くしていても、髪が落ちないように帽子や三角巾が必要。
12	✕	白衣の汚れは、商品の印象につながるので、汚れがあれば着替える。
13	✕	食品に直接ふれる際は手袋をするとしても、ハンドクリームはつけない。
14	✕	食品を扱う場合、マニキュアはしない。他のサービス業の場合も自然な色にする。

Lesson ❶ - 2　身だしなみ（2）

1	○	
2	✕	濃いメイクをすることがさわやかさを表しているとはいえない。
3	✕	てきぱきと動くことが求められるので、高いヒールは不向きである。
4	✕	雰囲気に合わせて軽快さだけではなく丁寧さが必要。
5	○	
6	○	
7	○	
8	✕	マニキュアは避ける。
9	○	
10	✕	おめでたい気持ちは髪を巻いたりして表すものではない。スタッフとしての清潔感が必要。
11	○	
12	✕	あいさつは、いったん立ち止まって行う。
13	○	お客さまと目があったら、会釈するか声をかける。

Lesson ❶ - 3　声かけ

1	○	
2	✕	天候と声かけは関係ない。足元が濡れているお客さまにも進んで声をかける。
3	○	

4	✖	「いつもありがとうございます」だけではなく「お気をつけてお帰りくださいませ」などと言う。
5	✖	お客さまが安心してもらえるように声かけをする。
6	✖	「またお待ちしております」などの声かけもする。
7	✖	わざわざ「お急ぎでいらっしゃいますね」と言う必要はない。
8	◯	
9	✖	こちらからも近づいて声がけをする。
10	✖	「念のため、中をご確認ください」は言う必要がない。

Lesson ❶ - 4 おじぎ

1	◯	
2	✖	おじぎはきちんと立ち止まってからする。
3	✖	相手の目を見て、にこやかにおじぎをし、上体を上げたあともアイコンタクトをする。
4	✖	上体は腰を中心にまっすぐ倒す。
5	✖	おじぎは下げた上体を一瞬止めると、丁寧な印象になる。
6	✖	頭を上げるときは、下げるときよりゆっくり動かす。
7	✖	歩くときなど、体側の場合もある。
8	◯	
9	✖	お出迎えのおじぎは最敬礼よりも敬礼が適切である。
10	✖	おじぎは目ではじまり、目で終わるという意識をもち、アイコンタクトをとる。

Lesson ❶ - 5 表情

1	◯	
2	◯	
3	✖	明るさと案内の早さは関係ない。また早さだけでなく動作の丁寧さも必要。
4	◯	
5	✖	お客さまから言われる前にこちらから進んで対応する。
6	◯	
7	◯	
8	◯	
9	✖	明るさと料金の安さとは関係ない。
10	◯	

Lesson ❶ - 6 言葉遣い

1	✖	「ご予約はいただいておりますでしょうか」などが正しい。
2	◯	
3	✖	「こちらのお席でよろしいでしょうか」が正しい。

4	⭕	
5	❌	「お飲み物のご希望はおありでしょうか」などが正しい。
6	⭕	
7	❌	「メニューをご覧になりますか」が正しい。
8	❌	「お熱いうちにお召し上がりください」が正しい。
9	❌	「デザートをお出ししてもよろしいでしょうか」などが正しい。
10	❌	「ただ今お調べいたしますので、少々お待ちくださいませ」などと言う。

Lesson ❶ - 7　求められる行動

1	❌	感じの良いスタッフが多いと、高い値段で売ることができるわけではない。商品を安心して買ってもらえる。
2	❌	買う気のなさそうなお客さまからの質問でも、他のお客さまと同じ対応をする。
3	⭕	
4	❌	「せかせか」は忙しそうな動きなので不適当だが、だからといって「常に落ちついてゆっくり行動」も不適当。「常に明るくてきぱき」がよい。
5	⭕	
6	❌	忙しそうな振る舞いをすることと活気があることは関係しない。
7	⭕	
8	❌	お客さまから嫌なことを言われたことを常連客に話してはいけない。
9	❌	スタッフの感じの良さと、見るだけのお客さまの入店判断には関係性はない。
10	❌	友達に接するような話し方をするお客さままでも、スタッフはそれに合わせてはいけない。
11	❌	わかりやすさは声の大きさだけで決まるわけではない。その場に応じた声の大きさと滑舌が必要。
12	❌	先にお釣りをお渡しして、お客さまが確認してから、お買い上げの商品を両手で渡し、お見送りする。
13	❌	いったん作業の手を止めて「ただいま参ります」と言う。
14	❌	お客さまから呼ばれてもすぐに行けないときは、「申し訳ございませんが、少々お待ちくださいませ」と言い、すぐに対処する。

Lesson ❶ - 8　明るさと誠実さ

1	⭕	
2	⭕	
3	❌	話し方も生き生きした感じにすると好感を持ってもらえる。
4	⭕	
5	❌	スタッフの明るさと料金は関係しない。

6	○	
7	○	
8	✕	案内中、他のお客さまにも「いらっしゃいませ」と声をかけると気安さを感じてもらえる。
9	✕	年配のお客さまの歩くスピードには気をつかう必要があるが、事前に聞く必要はない。
10	○	
11	✕	子どもにはわかりやすい言葉遣いをする。
12	○	
13	✕	真剣な態度でわびる。

Lesson ① - 9　いたわりのある対応

1	○	
2	✕	関係しそうな患者さまには直接伝えるようにする。
3	✕	病気が心配で表情も沈んでいる人には、声をかけるようにする。
4	○	ただし、名前を呼ぶときは、書類見たままではなく顔を上げて呼ぶようにする。
5	✕	通り過ぎるときはほほ笑んで、軽く会釈をする。
6	✕	不明な点は、こちらから医師に尋ね、患者さまに伝えるようにする。
7	✕	今は自分の担当ではなくても、話しかけるようにする。
8	○	
9	✕	長くかかることとおおよその時間を伝える。
10	✕	受け取るときも渡すときも患者さまの顔を見て行う。
11	○	
12	✕	入院の説明は、長くなる場合でもきちんと説明する。
13	○	

Lesson ① - 10　信頼される対応

1	✕	記入の仕方がよくわからないという年配の人には、言葉だけではなく直接案内する。
2	✕	ATMの操作に手間取っているお客さまには、声をかける。
3	○	
4	○	
5	○	
6	✕	記入台が使われていてお客さまが待っているときは、持っているボールペンを渡して近くのカウンターで書くように誘導する。
7	✕	用紙をお渡しすればよく、「今度は注意してください。今回はもう一枚お渡しします」は言う必要はない。
8	○	

9	○	
10	✖	店のスタッフでぬれている床を拭くようにする。
11	✖	「申し訳ございません。次にお呼びいたします」などと言う。
12	○	
13	✖	フロアを歩くときは、周囲を見ながらてきぱき歩く。

章末問題　3級

❶ **1** 爽やかさという点では薄化粧で無香か微香性のものが適切。香りの強いものは個性が強すぎるのでこの場合は不適当。

❷ **1** 耳の痛いことをわざわざ言うのは、よい印象を持ってもらうための心がけとしては逆のことなので、不適当である。

❸ **4** 鍵の管理はホテルにあるものだから、お客さまと部屋番号を合致させるのもホテルの仕事。番号をお忘れなくなどと宿泊客に言うのは不適当。

❹ **2** おじぎは、素早く頭を下げる方が生き生きとした雰囲気になる。深くするのはよいが、ゆっくり下げると考えたのは不適当。

章末問題　2級

❶ **2** 新人であっても介助をするのが仕事。やり方で分からないことがあれば、一緒に担当している先輩に尋ねればよい。介助の相手に要望を尋ねることはあるとしても、やり方を尋ねるなどはあり得ないので不適当である。

❷ **5** 集合時間に遅れる人がいれば、スケジュールに影響しかねないので注意は必要である。それを気にする人がいれば、そちらもなだめる必要はある。しかし、それをお互いさまだからと言うのは不適切である。

❸ **1** 一つに絞れないなら、絞れるように手助けするのがスタッフの役割。全部購入すれば買わなかった後悔はないが、不要なものまで買ってしまった後悔はある。これでは手助けをしたことにはならず親近感のある接し方とはいえないので不適当である。

❹ **2** お客さまにとって銀行からの電話は個人的なこと。知られた連絡先がいつも留守だったとしても、勤務先に連絡してもよいかどうかは確認が必要。したがって、次から勤務先に電話するなどと勝手に伝言を残すのは、よい関係を保つ心掛けとして不適当である。

第 2 章

専門知識

アクセスキー **P**

（大文字のピー）

Lesson ❷-1

サービスの意義

サービスには「お客さまに満足を提供する」と
「事業へ良い影響を与える」という
2つの意義があります。

サービスの意義を正しく知ろう

　サービスはお客さまに満足してもらえることのほかに、その結果が、事業へ良い影響をもたらすものであることも大切です。

お客さまの満足 ➡ リピーターの増加 ➡ 売り上げUP

　そのため次のことに気を付けます。

- お店のイメージを高める
- 感じの良い接客を目指す
- アフターフォローをする

　では、サービスはなぜ求められるのでしょうか。それは、サービスには、商品を買う以外の価値があるからです。形のないもの、たとえばホテルの接客や美容院の技術などもサービスに含まれます。

　サービスは次の要素から成り立っています。

- おもてなしの心（ホスピタリティ）
- プロ意識
- 専門知識
- 技術
- 接客力

一問一答

美容院に勤務する美容師がお客さまへ言ったこととして、適当と思うものに○、不適当と思うものに×をつけなさい。

解答は68ページ

☐ **1** 雑誌の切り抜きを持参して、「このような髪形にしたい」と言うお客さまに「髪の長さが足りませんので、無理ですね」。

☐ **2** ご予約のないお客さまに対して「申し訳ありません。ご予約いただくことになりますが、よろしいでしょうか」。

☐ **3** 初めて来店したお客さまが帰るとき、「ありがとうございました。またお待ちしています」。

☐ **4** ご予約のないお客さまに対して、「ご来店いただきありがとうございます。お席にご案内いたします」。

☐ **5** 母親と一緒に来店したお子さまに、「おとなしくしていて偉いね。またお母さんと来てね」。

☐ **6** ご予約のないお客さまに対して、「ご予約なしでも承ります。ご満足いただけるように精一杯させていただきます」。

☐ **7** 予約をキャンセルする電話をかけてきたお客さまに、「時間をずらしてでもお越しください」。

☐ **8** ご予約のないお客さまに対して、「本日は3時以降でしたら空いておりますので、ご都合にお合わせいたします」。

☐ **9** 予約をキャンセルしてほしいという電話に、「お会いするのを楽しみにしていますので、近いうちにお越しください」。

☐ **10** ご予約のないお客さまに対して少し待ってほしいと言ったあと、「今後はご予約いただければ、お待たせせずにご案内させていただきます」。

サービスの機能

お客さまへアドバイスするときには、
商品知識とアドバイスの仕方が大切です。

お客さまへのサービスはちょっとした気遣いから

お客さまが品選びで迷っているときや買おうかどうしようか決めかねているときには、適切にお手伝いしましょう。

- 品選びをしているお客さまには、
  ➡ 様子をみて声をかけ、求めている品を尋ねる。
- 複数人で買い物をしているお客さまには、
  ➡ そばにいてもお客さまから声がかかるまで様子をみる。
- 何を選べばいいか漠然としているお客さまには、
  ➡ 華やかな感じか、落ち着いた感じかなど、お客さまのイメージを具体的に尋ねる。
- 購入を迷っているお客さまには、
  ➡ その品の良い点を伝える。
- 洋服などでどちらにするか迷っているお客さまには、
  ➡ 試着をすすめて選びやすくする。
- 値段に躊躇しているお客さまには、
  ➡ 品質がよいのでお買い得と言ってすすめる。
- 贈り物を選ぶ場合は、
  ➡ 贈る相手の好みや雰囲気を尋ねる。
- お客さまが欲しいという品が品切れのときは、
  ➡ 取り寄せにかかる日数を伝える。
- お直しの引き換え券を持参するのを忘れたというお客さまには、
  ➡ 本人であることを確認して臨機応変に対応する。

一問一答

次はデパートの婦人服売り場で働いているスタッフがお客さまへの接し方について考えたことである。適当と思うものに○、不適当と思うものに×をつけなさい。

解答は68ページ

☐ **1** お客さまの品選びに対して、お尋ねしたり、アドバイスをすることもサービスではないか。

☐ **2** 見え透いたお世辞と分かるような言葉でも、お客さまが心地よいと感じることなら、それはサービスではないか。

☐ **3** お客さまに気持ちよく買い物をしてもらえるように、店内の環境を整えることはサービスではないか。

☐ **4** サービスのつもりでしたことも、お客さまがそれに気づかなければ、サービスをしたことにならないのではないか。

☐ **5** お客さまの感じ方はさまざまなので、お客さまに合わせてするのが良いサービスではないか。

一問一答

婦人服売り場で働いているスタッフの行ったこととして、適当と思うものに○、不適当と思うものに×をつけなさい。

解答は68ページ

☐ **6** 来週のパーティーに着る服を選んでいるお客さまに、来月まで待ったら、セールで値段が下がることを小声で伝えた。

☐ **7** 取り寄せた洋服が予定より早く入荷したとき、お客さまにわざわざ連絡すると督促することになるので、予定日まで待った。

☐ **8** 洋服を体に当てて、鏡を見ているお客さまには、それはサイズが合わないので、合うサイズで当ててはどうかと言った。

☐ **9** 同じようなスーツで迷っているお客さまには、どちらも似合うので、値段で決めてはどうかと言った。

第2章 専門知識

Lesson 2 - 3

品選び（1）

ここでは、具体的に紳士服売り場で
品選びをしているお客さまを例にとり、
適切な対応方法を考えます。

紳士服売り場で品選びを手伝う

ネクタイを選んでいる方への対応例です。

- 用途（贈り物か自分用か）を尋ねる。
- 尋ねた内容から何本か選び、お客さまにお好みを尋ねながら決める。
- どのような柄が好きか尋ねながら数を絞って、その中からすすめる。
- 好きな色のいくつかをまとめて、その中から選ぶように言う。
- スーツの色によって合わせる基本的な色があるので、数点を選び、その中から選ぶように言う。
- ネクタイの織り方の違いなどを話しながら数点選び、その中から選ぶように言う。
- 男女2名でのお客さまには、選んでいるときは、声がかかるまで近づかないほうがよい。

スーツを選んでいる方への対応例です。

- スーツを選ぶ前にサイズを測り、適切なものを選ぶようにする。
- スーツだけでなく、ネクタイとのコーディネートも考えるとよいと言う。
- スーツやネクタイのほかに、靴やカバンとの調和も考えるとよいと言う。
- スーツの色や素材で季節感が出ることをアドバイスする。
- 試着していただき、鏡の前で、お客さまと一緒にサイズなどを確認する。

一問一答

紳士服売り場のスタッフの試着に関する対応として、適当と思うものに○、不適当と思うものに×をつけなさい。

解答は68ページ

☐ **1** 試着の際には、ぴったりのサイズではなく、ゆったりめを着てもらっている。

☐ **2** このような雰囲気がよいと言うお客さまには、希望に近い服を試着してもらうようにしている。

☐ **3** 試着の際は、気に入ることが重要で、着心地は考えないほうがよいと言っている。

☐ **4** 希望がなくても、お客さまに似合いそうな色やデザインを伝えるようにしている。

☐ **5** 試着の前に、「サイズをお測りいたします」と言ってから、首周りやウエストを測るようにしている。

☐ **6** 常連のお客さまには、前回購入された色を覚えておき、アドバイスしている。

☐ **7** 試着の際は、「この色はいかがですか」と言ってお客さまの反応を見るようにしている。

☐ **8** 試着の際は、組み合わせるとよい色や柄を言って、お客さまが迷わないようにしている。

☐ **9** 同じ色ばかりになるので、気分を変えてみたいと言うお客さまには、無難な色が一番飽きがこないとアドバイスしている。

☐ **10** お客さまが本当に気に入っているかどうか、表情などから確かめるようにしている。

第2章　専門知識

51

品選び（2）

前回に続き、今回もお客さまへの
具体的なアドバイスについて考えていきます。
今回は、婦人服売り場における例です。

婦人服売り場でお客さまの品選びを手伝う

服選んでいる方への対応例です。

- デザインがシンプルなものは、いろいろと合わせやすいとおすすめする。
- 地味な色やデザインは、飽きがこないので長く使えるとおすすめする。
- ２つ以上から選べないというお客さまには、試着をすすめて選びやすくする。
- 派手すぎないかと決めかねているお客さまには、雰囲気を変えることで気分も変わることをお伝えする。
- 迷っているお客さまには品の良い点を伝え、おすすめする。

そのほか品選びの応対例です。

- お客さまの好みを聞いて、希望に近い品を一緒に選ぶ。
- お客さまの雰囲気に合った品を数点選び、その中からお客さまに選んでいただく。
- お客さまにいくつか選んでいただき、その品の良さや特徴などを説明して、選んでいただく。
- お客さまの好みを聞いて数点選び、お客さまにゆっくり選んでいただく。
- お客さまからの、どちらがよいかなどの質問に答えるときは、お客さまに似合いそうな品をおすすめする。

一問一答

ブティックで働くスタッフが、洋服を選んでいる
お客さまへ行ったアドバイスとして、適当と思う
ものに○、不適当と思うものに×をつけなさい。

解答は69ページ

☐ **1** デザインがシンプル過ぎるのではないかというお客さまに、「いろいろなものに合わせやすい」と言う。

☐ **2** 値段が高いと決めかねているお客さまに、「素材が違うので、分かる人には分かる服」と言う。

☐ **3** 派手すぎないかというお客さまに、「若々しく見える」と言う。

☐ **4** 自分に似合うかどうか尋ねたお客さまに、「だれにも似合うので無難な服」と言う。

☐ **5** 色がおとなし過ぎるというお客さまに、「飽きがこないので、長く着られる」と言う。

☐ **6** 今まで着たことのないスーツを着てみたいというお客さまに、「気分も変わっていいですね」と言った。

☐ **7** 地味ではないかと言うお客さまに、「お顔が地味なので似合う」。

☐ **8** 値段が高いと言うお客さまに、「素材の良さは、着ていれば分かるので、だれにでもおすすめ」。

☐ **9** 品選びで決めかねているお客さまに、「ごゆっくりご覧ください。決まりましたらお声をおかけください」。

☐ **10** どちらか迷っているお客さまには、「ご自分で決めて、思い切ることです」と背中を押すように言う。

サービスの機能を考えた態度・行動

時には、お客さまは無理な要望をおっしゃることもあるでしょう。
そのときこそ、サービスの知識を生かして行動することが大切です。

お客さまの満足のための態度や行動を

　　サービスの機能を考えた態度・行動とは、人当たりがよく、協調性のある行動のことをいいます。
　　人当たりがよく、協調性のある行動とは次のようなことをいいます。

- ものを言うときの調子（語調）がソフトである。
- お客さまに親近感を与えるような態度である。
- 表情は明るく、やわらかである。
- どのようなお客さまに対しても謙虚な態度である。

心がける行動には次のものがあります。

- お客さまへのサービスは一日にしてできるものではない。
- 結果がすぐに出なくても、お客さまに対して常に正しい行いをすること。
- 目標を明確にして、根気強く仕事をすること。

一問一答

家電量販店の店員がとったお客さまへの対応として、適当と思うものに○、不適当と思うものに×をつけなさい。

解答は69ページ

第2章 専門知識

☐ **1** 便利と思われる機器備品があれば、オプション品でも積極的に紹介する。

☐ **2** 尋ねられたら関連することは何でも答えられるように周辺知識を高めておく。

☐ **3** 買うつもりで来たが迷っているというお客さまには、無理にすすめず、日を改めた方がよいと言う。

☐ **4** お客さまの予算と希望する品の価格に差があるときは、支払い方法などをアドバイスする。

☐ **5** お客さまが気持ちよく商品を見ることができるように店内の環境も整えておく。

☐ **6** 商品が多すぎて選べないと言うお客さまには、家族構成や使い道を尋ねる。

☐ **7** 配達の希望の時間帯が予約でいっぱいのときは、別の日であれば、その時間帯に配達することができると言う。

☐ **8** 迷っているお客さまには、どの点で迷っているか聞いてから相談に乗るようにする。

☐ **9** 新型はデザインが気に入っているが、予算から考えると旧型になると言うお客さまには、デザインは関係ないのではないかとアドバイスする。

☐ **10** 旧型と新型で迷っているお客さまには、決めるのはお客さま自身なので、私は何も言えないと控えめに言う。

☐ **11** 希望の品がないというお客さまには、パンフレットだけでも持ち帰らないかと言う。

Lesson ❷-6

お客さまを迎える心構え（1）

「この店で買ってよかった」「この店に来てよかった」と
お客さまに満足していただけるように、
信頼される店を目指しましょう。

「この店に来てよかった」と満足してもらうために

　サービスを提供することでお客さまに満足してもらえたら、今後も足を運んでくださいます。

　まず、社会人のマナーを理解したうえでサービスをする必要があります。

- 他人に迷惑をかけない。
- 公私混同をしない。
- 健康管理、感情管理をする。

また、信頼される店を作るには、次のことに気を配りましょう。

- お客さまに店への良いイメージをもっていただくためには、細かいところまで気を配る。
- サービスを受けたお客さまが、満ち足りた気分になってお帰りいただくために努力する。
- お客さまにまた来たいと思っていただけるように、他の店とは違うサービスの差別化をする。
- 店のサービス向上のために付加価値を考え、格のあるサービスを目指す。
- お客さまの立場になって、たとえば小さな紙袋をいくつも持っているお客さまには、持ちにくくないかと聞いてまとめて差し上げるなどの気遣いをする。

ギフトショップの店員のお客さまに対する対応として、適当と思うものに○、不適当と思うものに×をつけなさい。

解答は70ページ

☐ **1** プレゼントにしたいというお客さまには、どのような贈り物なのかを尋ねてそれに合わせた包装をする。

☐ **2** 最新の品をプレゼントしたいというお客さまが尋ねてくる、その品の長所短所について説明できるようにしておく。

☐ **3** 品切れの品を求められたときは、何日か待ってもらえれば取り寄せられるがどうするかと尋ねる。

☐ **4** プレゼントしたい品があるがそれの取扱いが難しいというお客さまには、もらった相手も同じだろうから、別の物にした方がよいと言う。

☐ **5** 包装に時間がかかるときは、あらかじめおおよその時間を伝えるようにする。

☐ **6** いくつもの品を包む場合は、包装するための応援スタッフがいれば呼ぶ。

☐ **7** 包装に時間がかかりそうなときは、「不慣れなスタッフが包装するので」と理由を言う。

☐ **8** 贈答用に詰め合わせてほしいという場合は、詰めた物をお客さまに確認してもらう。

☐ **9** 品選びに迷っている人には、先に予算を尋ねてその範囲ですすめている。

☐ **10** 品選びに迷っている人には、こちらからは声をかけないので時間がかかってもよいので、ゆっくり見てほしいと言う。

Lesson ② -7
お客さまを迎える心構え（2）

お客さまの期待やニーズに合った
サービスを適切に提供することが大切です。

期待やニーズに合ったサービス

　期待やニーズに合ったサービスには、精神的なサービス、技術的なサービスがあります。

- よい品質の商品を、適切な価格で提供する。
- 見やすいレイアウトで提供する。
- お客さまへの適切な声かけをする。

　次は、飲食店でお客さまを案内するときの応用例です。

- 常連のお客さまの場合は、「いつもありがとうございます」と言ってから案内する。
- 混んでいるときなど、相席をお願いする時は、先と後のお客さま両方に確認を得てから案内する。
- 子どもを連れたお客さまには奥の席を案内するなど、他のお客さまのことを考えて案内する。
- お客さまが希望する席が2時間後に予約が入っている場合は、前もってそのことを伝え、了承してもらってから案内する。

お客さまをお待たせする場合

　いかなる理由があっても、お客さまをお待たせする場合は、丁寧なおわびや見通しの説明をしましょう。お客さまを大切にする気持ちとして伝わるからです。
　ただ「お待ちくださいませ」と言うのではなく「すでに3組のお客さまがお待ちですが」などとお客さまが次の行動を判断しやすいように伝えることもサービスです。

解答は70ページ

ホームページにある店の地図が分かりにくく、場所の問い合わせがよくあるレストランの電話対応として、適当と思うものに○、不適当と思うものに×をつけなさい。

□ 1　お客さまには、分かりにくいことへのおわびを伝え、今口頭で説明させてもらいたいと言う。

□ 2　お客さまには、「ご予約の時間がせまっていますので、急いでお越しください」と伝える。

□ 3　お客さまにわびたあと、別の詳しい地図が検索できる方法を案内するようにしている。

□ 4　ホームページの地図は今後分かりやすいものに変更するが、今回は案内するので、それで承知してほしいと言う。

□ 5　場所が分かりにくく、予約の時間に間に合わないというお客さまには、「お待ちしております。お気をつけてお越しくださいませ」と伝えるようする。

□ 6　予約当日に道を尋ねてきたお客さまに、予約の際に場所の案内をしているので、自分で来てほしいと伝える。

□ 7　道を尋ねるお客さまには、目印になる看板などを強調して伝えるようにする。

□ 8　先ほども電話したがと恐縮して電話をしてくるお客さまには、「こちらこそ申し訳ありません」と伝えるようにする。

□ 9　道に迷って電話してきたお客さまには、今近くに何が見えるかを尋ねるようにする。

□ 10　店が混んでるときの道案内は、「混んでいるので手短にしてほしい」と断ってから説明する。

お客さま対応の コツ（1）

お客さまには分かりやすく話し、よく耳を傾けることが必要です。
ここではそのためのポイントを学びます。

好ましい話し方と聞き方

お客さまに好ましい印象をもっていただくために、話し方にも気を配りましょう。

- 簡潔に話す（話す内容と意味は自分で理解していること）。
- 分かりやすい言葉を使う（専門用語は使わない）。
- 感じよく、肯定的な話し方にする（イエス・バット法）。
- 親密さなどを考慮した相手に応じた言葉を使う。

あらかじめどんな話をするか伝えた上で説明すると、お客さまに伝わりやすくなります。

- アウトライン（概要）を述べる。
- ポイント（要点）を示す。
- ナンバー（説明する数）をあげる。
- 相手の理解を確かめながら説明する。

聞き方のポイントは、聞いていることを態度で示すことです。

- 相づちは目、表情、言葉でうつ。どれを使うかは、話の内容に応じて変える。
- 適切な相づちをうつと、相手が話しやすくなるため、会話がスムーズに進む。
- 不明な点や分からない点は確かめながら聞く。
- 相手の期待していることを考えながら聞く。

解答は70ページ

靴のチェーン店のスタッフが、お客さまに対して行っていることとして、適当と思うものに○、不適当と思うものに×をつけなさい。

☐ 1 お客さまから値引きしてもらえないかと言われたとき、「金額はお引きいたしかねますが、こちらの中敷きをサービスさせていただきます」と言う。

☐ 2 お客さまから値引きしてもらえないかと言われたとき、「来月の1日から1週間、セール期間になりますので、そのときにお越しいただけますでしょうか」と言う。

☐ 3 お客さまから値引きしてもらえないかと言われたとき、「いつもお越しいただいていますので、正価の1割引きでいかがでしょうか」と言う。

☐ 4 お客さまから値引きしてもらえないかと言われたとき、「こちらの商品はぎりぎりまで下げさせていただいておりますので、ご容赦くださいませ」と言う。

☐ 5 お客さまから値引きしてもらえないかと言われたとき、「申し訳ございません。こちらは新製品でございますので、正札通りでお願いしております」と言う。

☐ 6 チラシに書いてあった靴を探しているというお客さまには、だいたいの位置を指で示して教えている。

☐ 7 履き心地はよいが、値段が高いというお客さまには、履き心地のよい靴はなかなかないので、長く履けるとアドバイスしている。

☐ 8 靴を履くと少し痛いというお客さまには、ぶかぶかでも大きめをすすめるようにしている。

☐ 9 常連のお客さまには、「先日ご購入いただいた靴はいかがですか」と言うようにしている。

☐ 10 靴を試着するお客さまには、腰掛ける椅子をすすめるなど配慮している。

お客さま対応の コツ（2）

ここではさまざまなケース別に
お客さまへの対応の仕方を見ていきましょう。

さまざまなお客さま対応

予約の受け方

- お客さまの希望日時などを聞いて、予約表を見ながら確認する。
- レストランなどでは、人数や料理についても決まっていれば聞いておく。
- もし希望日時に添えない場合は、予約可能な時間を提案し、お客さまに判断していただく。

キャンセルの受け方

キャンセルを受けるときは、予約以上に丁寧な応対が求められます。その後の印象につながるからです。

- 電話であれば、特に声の調子に気を付ける。
- 最後に「またのご利用をぜひお待ちしております」などと心を込めてお礼を言う。

忘れ物と落とし物の取り扱い方

見つけたとき
- お客さまが取りに来るまで店で保管しておく。
- 忘れ物の中に本人の連絡先の手がかりがあれば、連絡する。

届けてくれたとき
- 預かるときは、その物のあった場所や時間を尋ねておく。
- 財布などの場合、届けてくれた人の前で確認して、その人の住所、氏名、連絡先を尋ねておく。

お客さまが取りに来たとき

- 特徴を尋ねて、該当する物をお客さまに見ていただく。
- 念のため、受け取ったサインと連絡先を書いていただく。

一問一答

歯科クリニックのスタッフの対応として、適当と思うものに○、不適当と思うものに×をつけなさい。

解答は71ページ

☐ **1** 待合室の患者さまを診察室へ案内するときは、親しみのある言い方で「○○さーん、中へお入りくださーい」と言うようにしている。

☐ **2** 患者さまに問診票を渡すときは、わかりにくいところはどんなことでも聞いてくれるように言うようにしている。

☐ **3** 患者さまをお待たせするときは、待っている人数を言って、「少し時間がかかりそうですがよろしいでしょうか」と待つことを納得してもらうようにしている。

☐ **4** 初診の受付をするときは、どのような患者さまにも「今回はどうなさいましたか」と声をかけるようにしている。

☐ **5** 痛みがひどくて我慢できないという患者さまの話を聞くときには、患者さまの話を肯定する聞き方をする。

☐ **6** 予約時間に来ないで、予約時間外に急に来た人には、予約の日時に来られないときは電話をしてほしいとお願いする。

☐ **7** 予約日時の変更は、余裕があり、空いていれば、何度でも応じる。

☐ **8** 予約の変更を申し出てきた人には、変更した日時を口頭で言ってもらうと間違いがないので、お願いする。

☐ **9** 予約時間を何度か間違えて来た人には、申し訳ないが予約カードを見てから来てほしいとお願いする。

☐ **10** 予約変更の連絡をしてきた人には、新しい予約を受けたあと、電話をしてくれた礼の言葉を伝えるようにする。

専門知識

① 日本料理店のスタッフ中島美月はチーフから、個室利用のお客さまは持ち物やコートを預かってから案内するようにと指示されている。個室を利用する場合は利用料が必要で、担当スタッフが付く。このようにお客さま応対に違いがあるのはなぜか、中島は次のように考えた。中から適当と思われるものを一つ選びなさい。

1) 個室を希望するのは目的があって利用する場合が多いので、状況に応じた応対が必要だからということではないか。

2) 他のお客さまが個室利用のお客さまに対するサービスを見て、次は個室を利用しようと思ってもらうためではないか。

3) 個室を利用するお客さまは料理以外の代金も払う。お客さまに多くのお金を払ってもらうから応対の仕方が違うのではないか。

4) 個室を利用しているお客さまに、他のお客さまとのサービスの違いに優越感を感じてもらうためではないか。

5) 個室利用の場合は特別なお客さまなので、応対の仕方が違うことを他のお客さまに知ってもらうためではないか。

② 次は金融機関勤務の桜井俊が先輩から、来週から始まる「サービス向上月間」がなぜあるのかについて指導されたことである。中から不適当と思われるものを一つ選びなさい。

1) 日頃行っているお客さまサービスで、改善した方がよいところはないか見直すためである。

2) 金融機関がお客さまサービスについて努力していることを、お客さまに知ってもらうためである。

3) 金融機関のサービスをお客さまに知ってもらって、より一層利用してもらうためのキャンペーンである。

4) 行員がお客さまサービスを意識して業務を行えるようにするための研修期間である。

5) お客さまサービスがマンネリ化してはいけないことを、行員に意識してもらうためである。

❸ 次は、薬局の処方箋窓口を担当している葉山彩加が心がけていることである。中から不適当と思われるものを一つ選びなさい。

1) 薬の飲み方の説明をするときは、袋から全部出して、薬ごとに飲む時間と量を確かめながら行っている。

2) 座って待っている患者さんとお話をするときは、しゃがむなどして目線の高さを合わせるようにしている。

3) 待っている人が多くて時間がかかりそうなときは、受け付ける前に出直した方がよいと言うようにしている。

4) 薬の効果などを尋ねる人には丁寧に説明をし、薬と一緒に説明書も入れることを伝えている。

5) 薬を渡すとき患者さんが相談しやすいように、何か不安なことはないかなどとこちらから聞いている。

❹ 田谷めぐみの勤務するショッピングモールでは、BGMとして音楽を流しているが、雨が降り出すと「雨音のルンバ」という曲に変えて、店舗スタッフにそのことを知らせている。次は、この曲を聴いたそれぞれの店舗スタッフが行っているお客さまサービスの例である。中から不適当と思われるものを一つ選びください。

1) 抱えるほど多くの品物を持ったお客さまには、雨が降ってきたことを知らせ、配送の案内もできると伝える。

2) 折り畳み傘やレインコートなどの雨用グッズを販売するコーナーを目立つ所に設ける。

3) 出入り口付近は床がぬれて滑りやすくなるので、小まめに拭けるようにモップなどを用意する。

4) 近くにいるお客さまに雨が降り出したことを知らせ、傘売り場の場所も教える。

5) 購入されたお客さまに、品を入れる紙袋に雨よけのビニールをかぶせることを伝える。

専門知識

❶ 歯科クリニックの受付スタッフ鳥羽真琴は院長から「歯科クリニックは地域医療への貢献が使命だがそのためには地域の皆さんに親しまれることが必要」と教えられた。次は鳥羽が行っている患者さん応対である。中から<u>不適当</u>と思われるものを一つ選びなさい。

1) 待ち時間が長くなりそうな日は患者さんに、「今日は混んでいて少し時間がかかりそうです」と声を掛けるようにしている。

2) 会計が終わった後、待合室で知り合いの患者さん同士が長い時間話をしていても、混雑に影響がなければ知らないふりをしている。

3) よく来院する患者さんには、「最近の調子はいかがですか」などと、愛想よく笑顔で言葉をかけている。

4) 他の総合病院への紹介状を渡されて心配そうな患者さんには、「総合病院の方が安心ですよ」と言っている。

5) 診療が終わっても、話し掛けてきてなかなか帰ろうとしない患者さんには、できるだけ話し相手になるようにしている。

❷ フードショップのスタッフ米田伊織は店長から、「いつもお客さまのことを考えたサービスをすること」と指導された。次はそのとき米田が考えたことである。中から<u>不適当</u>と思われるものを一つ選びなさい。

1) 生鮮食品はパックを大中小の3種類くらいをそろえて、お客さまの用途に応じて選びやすくしたらどうか。

2) 消費期限が迫っている商品はワゴンに入れて特価で売り、掲示で期限が近いことも分かるようにしたらどうか。

3) 海外の珍しい食材を販売するときは、お客さまに質問されたら渡せるよう料理法のリーフレットを用意したらどうか。

4) 飲料などの重い物を一度に何本も買うお客さまには、急ぎでなければ配達もできると言ってあげたらどうか。

5) 特に鮮度が重要な食品には、商品のそばに鮮度の見分け方がわかるような
一覧表を掲示しておいたらどうか。

❸ 住宅販売会社の新人秦光希は先輩から、「うちはアフターサービスに力を入れている」と言われた。次はそのとき秦が、それは会社にとってどのような利点になるか考えたことである。中から不適当と思われるものを一つ選びなさい。

1) アフターサービスでお客さま宅に出向く機会が多くなると、その地域の情報に詳しくなり新たな販路開拓に役立つかもしれない。

2) 高い買い物なので躊躇しているお客さまも、アフターサービスが行き届いていると分かれば安心し購入につながるかもしれない。

3) アフターサービスでお客さまと話す機会が多くなると、最近のお客さまのニーズが分かり、販売時のセールストークに生かせるかもしれない。

4) アフターサービスが丁寧で細やかだと、多くのお客さまから信頼を得られ、知り合いなどを紹介してもらえるかもしれない。

5) アフターサービスの一環として電話で日ごろからお客さまの相談に乗っていると、定期点検の時間を短縮できるかもしれない。

❹ 枝野颯太は洋食屋のスタッフである。次は、枝野がレジで会計をしたときのお客さま対応である。中から適当と思われるものを一つ選びなさい。

1) 小さな子供たちを連れた夫婦客に、「お行儀のよいお子さまばかりで助かりました」と周りに迷惑を掛けなかったお礼を言った。

2) 料理がおいしかったのでまた来ると言ってくれたお客さまに、礼を言いながら「シェフに伝えたら喜ぶと思います」と言った。

3) なるべく小銭を使おうとするお客さまに、「小銭は重いですから、使い切るとすっきりしますね」と気持ちを代弁するような言い方をした。

4) アンケート用紙をレジの横にある回収箱に入れようとしているお客さまに、「何かお気に召さないことがございましたでしょうか」と尋ねた。

5) 別々に会計してもらいたいというグループ客に、「一緒にされた方がお待たせしなくて済みますが、よろしいですか」と尋ねた。

解答・解説

Lesson ②-1 サービスの意義

1	✗	一方的に無理というのではなく、お客さまにその髪形の説明などして相談に乗るようにする。
2	○	
3	○	
4	○	
5	○	
6	○	
7	✗	キャンセルはお客さまの希望なので、時間をずらしてでも来てほしいというこちらの都合は言わない。
8	○	
9	○	
10	○	

Lesson ②-2 サービスの機能

1	○	
2	○	
3	○	
4	✗	お客さまが気づかなくてもするのがサービスである。
5	○	
6	✗	来週のパーティーに着るために選んでいるので、来月のセールの話はしない。
7	✗	予定より早く入荷したときは、お客さまも心待ちにしているかもしれないから、連絡はすぐに入れる。来店はお客さまの都合ということになる。
8	✗	洋服を体に当てて見ているということは、似合うかどうかを見ているので、合うサイズは後で探せばよい。
9	✗	迷っているお客さまには、値段だけではなく、鏡で見て似合う方や、着心地で決めてはとアドバイスする。

Lesson ②-3 品選び（1）

1	✗	試着の際には、正しいサイズで着心地を確認してもらい決めることが大切である。
2	○	
3	✗	着心地がよく、機能的でないと気に入ってもらえない。
4	○	希望がなくてもアドバイスする。
5	○	サイズは分かっていても、変化していることもある。試着の前に一言断って測るようにするとよい。

6	⭕	
7	⭕	
8	❌	試着の際、組み合わせるとよい色や柄を言うのは、合わせやすいようにアドバイスすることが目的で、お客さまが迷わないようにするためではない。
9	❌	お客さまの気分を変えてみたいと言う希望に合わせることがアドバイスである。
10	⭕	

Lesson ❷ - 4　品選び (2)

1	⭕	
2	⭕	
3	⭕	
4	❌	お客さまにあったアドバイスをすることが大切なので、無難な服と言うのはアドバイスになっていない。
5	⭕	
6	⭕	
7	❌	お客さまの顔については触れずにアドバイスする。
8	⭕	
9	❌	品選びで決めかねているお客さまと一緒に選ぶことがスタッフの仕事である。
10	❌	どちらか迷っているお客さまには、決まるまでアドバイスする。ただし、背中を押すようなアドバイスも時には必要。

Lesson ❷ - 5　サービスの機能を考えた態度・行動

1	⭕	
2	⭕	
3	❌	迷っているお客さまの相談に乗ることが必要。
4	⭕	
5	⭕	
6	⭕	
7	❌	別の日の同じ時間帯だけでなく、同じ日の別の時間帯や別日の別の時間帯などを含め、お客さまの希望を尋ねる必要がある。
8	⭕	
9	❌	新型のデザインが気に入っているお客さまにとっては、デザインは優先順位が高いはずなので、デザインは関係ないというアドバイスは的外れである。
10	❌	旧型と新型で迷っているお客さまには、決めるためにそれぞれの特徴をお話しすることがスタッフの役目である。

| 11 | ✗ | 目当ての品がなかったお客さまに、パンフレットを強引に持ち帰るよう言うことはしない。お客さまから希望があればお渡しする。 |

Lesson ❷ - 6 お客さまを迎える心構え (1)

1	○	
2	○	
3	○	
4	✗	別の物をすすめる前に、まず取扱い方について説明する必要がある。
5	○	
6	○	
7	✗	包装に時間がかかりそうなときは、あらかじめ時間がかかることをお伝えして了承をしてもらう。スタッフの不慣れはお待たせする理由にならない。
8	○	
9	○	
10	✗	品選びに迷っている人には、ゆっくり見てほしいと言うだけでなく、相談に乗るようにする。

Lesson ❷ - 7 お客さまを迎える心構え (2)

1	○	
2	✗	お客さまに「急いで」と強制してはいけない。
3	○	
4	○	
5	○	
6	✗	予約の際に案内していても、再度案内する。
7	○	
8	○	
9	○	
10	✗	店の混み具合に関係なく案内する。「手短にしてほしい」とはこちらから言うことではない。

Lesson ❷ - 8 お客さま対応のコツ (1)

1	○	
2	✗	お客さまからの値引きの答えになっていない。相談に乗る回答が必要。
3	○	なお、正価とはその品物について決められた価格のことをいう。
4	○	
5	○	なお、正札は「しょうふだ」といい、定価のことをいう。
6	✗	売り場までお客さまをご案内する。
7	○	

8	✕	ぶかぶかではなくサイズの合ったものをすすめる。
9	○	
10	○	

Lesson ②-9 お客さま対応のコツ (2)

1	✕	お名前のあとに「さーん」と伸ばしても親しみのある言い方にはならない（親しみやすさには声のトーンや抑揚が影響する）。
2	○	
3	○	
4	○	
5	○	
6	○	
7	○	
8	✕	変更した日時を口頭で言うことはこちらからお願いすることではない。
9	○	
10	○	

章末問題　3級

❶ 1　個室を利用するのは周りに影響されない特別な時間を過ごしたいからである。サービスの仕方も特別である。

❷ 4　研修期間は社員がサービスについて勉強する期間で、サービス向上月間は別のものであるから不適当。

❸ 3　患者さんは必要があってこの時間に来たのだから、時間がかかるのであれば、おおよその待ち時間を案内すればよい。それによって出直す患者さんもいるかも知れないが、葉山から言うのは余計なお世話で不適当である。

❹ 4　スタッフに雨を知らせるのは、雨天に対応したお客さまサービスをするため。近くのお客さまに雨を知らせるのはよいとしても、尋ねられてもいないのに傘売り場の場所を教えるのは、押し付けがましい対応なので不適当である。

章末問題　2級

❶ 4　「総合病院の方が安心ですよ」と言うと患者さんに不安を与えかねないので、設備が整っているなど、総合病院の利点を言って安心してもらうのがよい。

❷ 3　珍しい食材でも料理法が分かれば買いたくなる。ということは、リーフレットは自由に持ち帰ることができるようにしないといけない。質問されたら渡せるようにするというのは、お客さまのことを考えたサービスではないので不適当である。

❸ 5 電話で日ごろからお客さまの相談に乗っていれば、定期点検ではより丁寧な点検ができることになり、それがお客さまの信頼につながり会社の利点になる。時間を短縮できると考えたのは不適当である。

❹ 2 料理のことだから本来はシェフが言われてしかるべきことである。が、シェフをわざわざ呼ぶほどのことでもない。とすれば、枝野がシェフに伝えると言って対応するのが適当である。他の選択肢は、

1　「ありがとうございました」などの礼の言葉が適当。

3　「どうぞお出しくださいませ」とだけ言えばよい。

4　アンケートは率直なお客さまのお気持ちを聞くもので、この場で尋ねることではない。

5　このような遠回しな言い方はしない。

第 3 章

一般知識

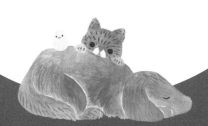

アクセスキー **M**
(大文字のエム)

知っておきたい ことわざ・慣用句（1）

サービス接遇者には、一般知識があり、
それに基づいたお客さま対応ができることが求められます。

知っておきたいことわざ・慣用句

ことわざや慣用句はたくさんあるので、少しずつ覚えていきましょう。

海老で鯛を釣る	少ない投資で大きな利益をあげること。
腐っても鯛	本来すぐれているものは、多少落ちぶれてもそれなりに価値があるということ。
親の心子知らず	親が子を思う気持ちは子になかなか通じず、子は勝手気ままにふるまうものということ。
三つ子の魂百まで	幼いときに形成された性格は、老年期になっても変わらないということ。
一姫二太郎	一番目に女、二番目に男が生まれる生まれ方が理想的ということ。
石の上にも三年	困難な状況も三年我慢して行えば、良い方向に向かうというたとえ。
子どもは風の子	子どもは寒風が吹いていても外で駆け回って遊ぶものということ。
子を持って知る親の恩	自分が子どもを育ててみて、初めて親のありがたさが分かるということ。
うそも方便	うそをつくのも、目的を達成する手段としてありうるということ。
出る杭は打たれる	目立つふるまいは、まわりから悪く思われて、攻撃されるということ。
人のふり見て我がふり直せ	人の行いを見て、自分の行いを正すべきだということ。

棚からぼた餅	何も努力をしなくても利益を得られること。
商いは牛のよだれ	商売は、牛のよだれが切れ目なく長く垂れるように、気長に努力せよということ。
金に糸目をつけぬ	惜しみなくいくらでも金を使うこと。
悪銭身に付かず	不正な手段で得た金銭は、とかくつまらないことに使ってしまい残らないということ。
値を二つにせず	買い手を見て物の値段を上下させるような、ずるい商売はしないこと。

一問一答

次は、ことわざとその意味の組み合わせである。
正しいものには○、間違っているものには×を付
けなさい。

解答は112ページ

☐ **1** 金に糸目をつけぬ ＝ 金の入ってくる道が糸のように細く、金がないこと。

☐ **2** 棚からぼた餅 ＝ 不意に棚から物が落ちてくるような災難のこと。

☐ **3** 子どもは風の子 ＝ 子どもは外で駆け回って元気だということ。

☐ **4** 一姫二太郎 ＝ 一番目に女、二番目に男が生まれることが理想的ということ。

☐ **5** 子を持って知る親の恩 ＝ 自分が子どもを育てて初めて親のありがたさが分かるということ。

☐ **6** 商いは牛のよだれ ＝ 商売は、牛の動きのようにゆっくり慎重に判断すると良くないこと。

☐ **7** 悪銭身に付かず ＝ 正当な手段で得た金銭でないと、自分のところにとどまらないということ。

☐ **8** 三つ子の魂百まで ＝ 三歳から百歳まで努力が必要ということ。

☐ **9** 親の心子知らず ＝ 親が子を思う気持ちは子になかなか通じず、子は勝手気ままにふるまうものということ。

知っておきたい ことわざ・慣用句（2）

ここでは商売に関係する、知っておきたい慣用句などを学びます。

商売に関する知っておきたい慣用句

のれんを下す	閉店すること。または廃業すること。
のれん分け	商家などで長年勤めた奉公人に店を持たせ、同じ屋号を名乗る許可をすること。
一見の客	なじみでなく、初めての客。
書き入れ時	商売が繁盛しているとき。
左うちわ	左手でうちわを使うと悠々とあおぐことになることから、安楽に暮らすことのたとえ。
自転車操業	自転車は止まれば倒れることから、借り入れと返済を繰り返しながらの操業のたとえ。
左前	普通の着物の着方（右前）とは反対のことから、経済的に苦しいことのたとえ。
閑古鳥が鳴く	店などに客が入らず、暇な様子のこと。
看板倒れ	見かけは立派だが、実力が伴わないこと。
餅は餅屋	専門家の技術は門外漢に勝っていること。
濡れ手で粟	苦労もしないで大きな利益を得ること。
甘い汁を吸う	苦労をせずに、利益を自分のものにすること。
一攫千金	一度に大きなお金を手に入れること。

ただより高いもの はない	ただで物をもらうことは、かえって高くつくということ。
右肩上がり	商売で売り上げが増えることのたとえ。
雀の涙	ごくわずかな量であることのたとえ。
猫の額	場所の狭いことのたとえ。
猫またぎ	まずい魚のこと。
先細り	物事がだんだん衰えていくこと。
上がったり	商売がうまくいかないこと。

一問一答

次は、ことわざとその意味の組み合わせである。
正しいものには○、間違っているものには×を付
けなさい。

解答は112ページ

☐ **1** 雀の涙 ＝ ごくわずかな量であることのたとえ。

☐ **2** 猫またぎ ＝ 猫が離さないほど美味しいこと。

☐ **3** 左前 ＝ 普通とは反対の着物の着方のことから、経済的に 苦しいことのたとえ。

☐ **4** 左うちわ ＝ 左手でうちわを使うと悠々とあおぐことになるこ とから、安楽に暮らすことのたとえ。

☐ **5** 先細り ＝ 前になればなるほど利益が上がる。

☐ **6** 猫の額 ＝ 場所の狭いことのたとえ。

☐ **7** 右肩上がり ＝ 商売で売り上げが増えることのたとえ。

☐ **8** 自転車操業 ＝ 自転車のようにうまく回っている操業のたとえ。

☐ **9** 上がったり ＝ 売り上げが上がること。

知っておきたい
ことわざ・慣用句(3)

ここで体の一部が入る
知っておきたい慣用句などを学びます。

体の一部が入ることわざ・慣用句

首	首をつっこむ	関係しなくてもいいことに深入りをすること。
	首がまわらない	借金が返せなかったり必要な資金が用意できなかったりして困った状態のこと。
耳	耳が痛い	他の人の言うことが自分の弱点をついていて、聞くのがつらいこと。
	耳をそろえる	全額を不足なく用意すること。
眉	眉につばを付ける	だまされないように用心することのたとえ。
目	目を光らす	怪しいとにらんで監視すること。
	目から鼻に抜ける	抜け目がなくすばしっこいこと。
	目からウロコが落ちる	何かがきっかけになって、急に物事の実態などがよく見え、理解できるようになるたとえ。
	目が点になる	驚いたりあきれたりしてぼうぜんとすること。
	目がない	夢中になって分別をなくすほど好きということ。
	目を皿にする	物を探すときなどに目を大きく見開くこと。
	目が利く	見分ける力が優れていること。
	目に角を立てる	怒って鋭い目つきで見ること。
	目に物見せる	ひどい目に遭わせて思い知らせること。
鼻	木で鼻をくくる	無愛想に返答をすること。
舌	舌を巻く	とても驚いたり、感心したりすること。
	舌鼓を打つ（鳴らす）	美味しいものを食べた満足感を、舌を鳴らして表すこと。
歯	歯が立たない	相手が強く、とてもかなわないこと。
口	口がおごる	食べ物にぜいたくであること。
	口を割る	隠していたことを白状すること。

口	口が腐っても	何があっても他言しないという固い決意。
	口八丁手八丁	しゃべることもすることも、人一倍達者なこと。
指	うしろ指をさされる	他人から非難されること。
手	手を抜く	いいかげんにすること。
	手に余る	自分の能力の範囲を超えていること。
	八方手を尽くす	物事の実現や解決のために、あらゆる手段を試みること。
爪	爪に火をともす	過剰なまでに倹約すること。
胸	胸を打つ	感動させられたこと。
腹	腹を割る	本当の気持ちを打ち明けること。
足	足が遠のく	今までよく行っていたところに行かなくなること。
	足を洗う	よくないことから抜け出ること。
	足が付く	犯人の身元や逃げた足取り、行方が分かること。
	足並みが乱れる	統一した行動が取れなくなること。
	足を引っぱる	人の成功や前進をじゃまする。また、妨げとなること。
	二の足を踏む	物事を思い切ってせずにためらうこと。

一問一答

次は、ことわざとその意味の組み合わせである。
正しいものには○、間違っているものには×を付
けなさい。

解答は112ページ

☐ 1　足並みが
乱れる　＝　統一した行動が取れなくなること。

☐ 2　二の足を踏む　＝　物事は二度考えた方がより良い結果をもたらすこと。

☐ 3　首が
まわらない　＝　借金が返せなかったり必要な資金が用意できなかったりして困った状態のこと。

☐ 4　耳をそろえる　＝　全額を不足なく用意すること。

☐ 5　目から
鼻に抜ける　＝　物事の判断はよく考えた方が良いことのたとえ。

☐ 6　目に物見せる　＝　客にゆっくり商品を見せること。

☐ 7　木で鼻をくくる　＝　約束を守ることのたとえ。

Lesson ③-4

知っておきたい ことわざ・慣用句（4）

ここでは、知っておきたいことわざ・意味の似たことわざを取り上げます。

知っておきたいことわざ

光陰矢の如し	月日のたつのが早いこと。
急がば回れ	急ぐときには、危険な近道より、遠くても安全な本道を通るほうが結局早い。安全で、着実な方法をとれといういましめ。
井の中の蛙大海を知らず	狭い世界に閉じこもって、広い世界のあることを知らない。狭い知識にとらわれて大局的な判断ができないということのたとえ。
釈迦に説法	よく知り尽くしている者に対して教える愚かさのたとえ。
石橋を叩いて渡る	用心の上にも用心をすること。
覆水盆に返らず	一度してしまったことは取り返しがつかないということ。
衣食足りて礼節を知る	衣服や食事に不自由がなくなって初めて、礼儀や節度をわきまえるようになるということ。
果報は寝て待て	幸運の訪れは運によるのだから、あせらないで自然に時機が来るのを待つ方がよいということ。
仏造って魂入れず	骨を折って成し遂げながら肝心な点を欠いていること。

意味の似たことわざ

紺屋の白袴	専門としていることについて、それが自分の身に及ぶ場合には、かえって顧みないものであるというたとえ。
医者の不養生	理屈ではわかっていながら、実行が伴わないこと。

河童の川流れ (かっぱ)	水中にすむ河童も、時には水に押し流される。どんな達人でも失敗することがあるというたとえ。
弘法にも筆の誤り (こうぼう)(あやま)	その道にすぐれている人でも、時には失敗することがあるというたとえ。
猿も木から落ちる	木登りの上手なはずの猿も、時には失敗して落ちる意。その道に長じた者も、時には失敗することがあるというたとえ。
泣き面に蜂 (はち)	不幸・不運の上にさらに悪いことが重なること。
弱り目に祟り目 (よわ)(め)(たた)(め)	困ったときに、さらに困ったことが起こること。不運に不運が重なること。
暖簾に腕押し (のれん)(うで)	手ごたえのないこと、張り合いのないことのたとえ。
ぬかに釘 (くぎ)	柔らかいぬかに釘を打つように、手応えがない、ききめがない。
猫に小判 (こばん)	価値のわからない者に高価なものを与えても無駄であることのたとえ。
豚に真珠	価値のわからない者には、貴重なものも意味がないことのたとえ。
馬の耳に念仏	馬に念仏を聞かせてもそのありがたみがわからぬように、言い聞かせてもその価値がわからないさま。
蛇の道は蛇 (じゃ)(へび)	同類の者は互いにその事情に通じている、ということ。
餅は餅屋	物ごとにはそれぞれの専門家があり、素人の及ぶところではない。

一問一答

次は、ことわざとその意味の組み合わせである。
正しいものには〇、間違っているものには×をつけなさい。

解答は112ページ

□	1	弘法にも 筆の誤り	= 人は多くの失敗をする方が成長するということ。
□	2	猿も木から 落ちる	= 日ごろ失敗しない人も、時には失敗することがあるということ。
□	3	ぬかに釘	= ききめがないということ。
□	4	弱り目に祟り目	= 気持ちが弱っていることのたとえ。
□	5	医者の不養生	= 注意ができないたとえ。

知っておきたい
ことわざ・慣用句(5)

ここでは、動物の名前が入ったことわざを学びます。

知っておきたい動物を含んだことわざ

馬子にも衣装	ちゃんとした衣装を身につければ誰でも立派に見える。
馬脚を露わす	隠していたことが明らかになる。化けの皮がはがれる。
鳶が鷹を生む	平凡な親が優秀な子供を生むことのたとえ。
能ある鷹は爪を隠す	実力のある人物は、いたずらにそれを誇示することはしない。
立つ鳥跡をにごさず	立ち去る時はきれいに後始末をしておこうということ。
鶴の一声	意見の対立が起きたときなどにそれをおさえつける権力ある一言。
虎の威を借る狐	他人の権勢をかさに着て威張る小人のたとえ。
虎穴に入らずんば虎子を得ず	危険を冒さなければ望みのものは得られないこと。
取らぬ狸の皮算用	決まってもいないことをあてにして、計画を立てること。
藪をつついて蛇を出す	必要もないことをしたために危難に遭うことのたとえ。
前門の虎、後門の狼	1つの災難から逃れたと思ったら、別の災難に遭うこと。
二兎を追う者は一兎をも得ず	同時に2つのことをしようとする者はどちらの成功も得られないこと。
犬猿の仲	とても仲が悪いこと。

| 窮鼠猫を噛む
きゅう そ ねこ か | 弱い者でも追い詰められれば強い者に逆襲することがある
というたとえ。 |

一問一答

次は、ことわざとその意味の組み合わせである。
正しいものには○、間違っているものには×を付
けなさい。

解答は113ページ

☐	1	虎の威を借る狐	＝	他人の権勢をかさに着て威張る小人のたとえ。
☐	2	虎穴に入らずんば虎子を得ず	＝	危険を冒さなくても望みを達成したことのたとえ。
☐	3	藪をつついて蛇を出す	＝	必要もないことを考える必要がないこと。
☐	4	前門の虎、後門の狼	＝	多くの災難に遭うこと。
☐	5	二兎を追う者は一兎をも得ず	＝	同時に2つのことをしようとする者はどちらの成功も得られないこと。
☐	6	馬子にも衣装	＝	平凡な人に衣装を着せること。
☐	7	馬脚を露わす	＝	隠しごとはいけないということ。
☐	8	鳶が鷹を生む	＝	別人のように変わってしまうこと。
☐	9	能ある鷹は爪を隠す	＝	実力のある人物は、それを自慢しない。

知っておきたい
ことわざ・慣用句（6）

ここでは、覚えておきたい故事成語について学びます。
故事成語とは、昔の出来事（特に中国の昔の出来事）を
もとにしてできた言葉のことです。

故事成語

漁夫の利	二者が争っているのに乗じて、第三者がまんまと利益を手に入れること。
白眉	兄弟中で最も優れている者。また、衆人の中で最も傑出した者、同類中で特に優れている者。
隗より始めよ	遠大な事をするには、手近なことから始めよ。転じて、事を始めるには、まず自分自身が着手しなさいという意味。
蛍雪の功	辛苦して勉強した成果。
塞翁が馬	人間の禍福は変転し定まりないものだというたとえ。
青天の霹靂	突然の大事件。人を驚かす変動。
杞憂	あれこれと無用な心配をすること。取り越し苦労。
石に漱ぎ流れに枕す	屁理屈を並べ、負け惜しみの強いことのたとえ。
羹に懲りて膾を吹く	一度失敗したのに懲りて、度の過ぎた用心をすることのたとえ。
他山の石	自分の人格を磨くのに役立つ材料。参考にすべき、他人のよくない言行。
李下に冠を整さず、瓜田に履を納れず	人の疑いを招きやすい行為は避ける方がよいというたとえ。

一問一答

次は、ことわざとその意味の組み合わせである。
正しいものには○、間違っているものには×を付
けなさい。

解答は113ページ

☐	1	石に漱ぎ流れに枕す	= 負け惜しみの強いことのたとえ。
☐	2	羹に懲りて膾を吹く	= 失敗に懲りたことのたとえ。
☐	3	他山の石	= 他人の良い点を参考にするたとえ。
☐	4	李下に冠を整さず、瓜田に履を納れず	= 人の疑いを招きやすい行為は避ける方がよいというたとえ。
☐	5	漁夫の利	= 二者が争っていることのたとえ。
☐	6	白眉	= 優れている者とそうでない者を判断すること。
☐	7	隗より始めよ	= 事を始めるには、まず自分自身が着手せよ。
☐	8	蛍雪の功	= 失敗した理由。
☐	9	塞翁が馬	= 人間の禍福は変転し定まりないものだということ。
☐	10	青天の霹靂	= 人生で一番しあわせな出来事。

第3章

一般知識

サービス業の用語（1）

ここからは、サービス業でよく使われる用語を学習していきます。

サービス業でよく使われる用語1

五十日 （ごとうび）	月のうち5と10が付く日。商売の支払日のため、交通渋滞するといわれている日。
二八 （にっぱち）	商売があまり振るわないとされる2月と8月のこと。
初午 （はつうま）	2月最初の午（うま）の日に、稲荷（いなり）神社に商売繁盛を願うこと。
初売り （はつう）	その年初めての売り出しのこと。
初荷 （はつに）	正月の初商い日に、商品を美しく飾って送り出すこと。
晦日 （みそか）	毎月の最後の日のこと。年の最後の日は大晦日（おおみそか）。
老舗 （しにせ）	先祖代々にわたって伝統的に事業を行っている小売店・企業（会社）などのこと。
棚上げ （たなあげ）	商品を一時的に蓄えておいて市場に出さないこと。
棚卸し （たなおろし）	商品などの在庫数量を調べること。
投げ売り	損を覚悟で在庫品を売ること。
のし	贈答品につける飾り紙。
蔵開き	年の初めの吉日を選び、初めて蔵を開いて祝うこと。
こけら落とし	劇場が新築・改築をして初めて行う興行。
本舗 （ほんぽ）	特定の商品を製造販売している店。

目玉商品	客寄せを目的とする買い得の商品のこと。
開店休業	開店しているにもかかわらず、客が入らないこと。
定番商品	流行に関係なく一年を通して売れる基本的な商品のこと。
殿様商売	殿様のようにおうように構えていて、商売上の工夫や利益を得るための努力をしない商売のやり方のこと。

一問一答

次はサービス業でよく使われる用語とその意味の組み合わせである。正しいものには○、間違っているものには×を付けなさい。

解答は113ページ

☐ **1** 老舗 ＝ 社員教育の厳しい企業（会社）のこと。

☐ **2** 本舗 ＝ 本社のこと。

☐ **3** 殿様商売 ＝ 殿様のようにおうように構えていて、商売上の工夫や利益を得るための努力をしない商売のやり方のこと。

☐ **4** 目玉商品 ＝ その日で一番安い商品のこと。

☐ **5** 棚上げ ＝ 商品を一時的に蓄えておいて市場に出さないこと。

☐ **6** 書き入れ時 ＝ 年始のあいさつに同封する書類のこと。

☐ **7** 五十日 ＝ 支払日を50日後にお願いすること。

☐ **8** 定番商品 ＝ 今は販売していない一番はじめに販売された商品のこと。

☐ **9** 二八 ＝ 商売の売り上げが上がるとされる2月と8月のこと。

☐ **10** 初売り ＝ その店が開店して初めて売る日のこと。

サービス業の用語（2）

引き続き、サービス業でよく使われる用語を学習していきます。

サービス業でよく使われる用語2

POP広告 （ポップ）	商品名の記憶を、店頭で思い起こさせるように誘導する店頭広告のこと。
プロパー	自社製品の宣伝や売り込みを行う人のこと。
バイヤー	新しい流通ルートを開拓したり、買い付けの仕事をしたりする人のこと。
アンテナショップ	メーカーが消費動向、売れ筋商品、地域特性をつかんで、経営の参考にするため、直営方式で経営する店舗。
プライベートブランド	自社のお客さまに合わせて、独自の商標で開発した商品のこと。
希望小売価格	メーカーが設定した小売価格。
オープン価格	小売業者が独自に設定する価格のこと。
デッドストック	売れる見込みのない在庫品。
リピーター	繰り返し来てくれる客のこと。
アドバンス	前払い金や前渡し金のこと。
アポイントセールス	面会の場で販売する方法のこと。
キャッチセールス	街頭や電話でうまいことを言って高額商品を販売する方法のこと。
ラグジュアリー品	ぜいたく品。

廉売 （れんばい）	安売り。
リコール	欠陥・不具合などのある製品を、事業者が無償で回収、修理などを行うこと。

一問一答

次はサービス業でよく使われる用語とその意味の組み合わせである。正しいものには○、間違っているものには×を付けなさい。

解答は114ページ

- ☐ 1 アンテナ
ショップ = アンテナを立てたように、高い広告塔を立てている店のこと。

- ☐ 2 プライベート
ブランド = 自社のお客さまに合わせて、独自の商標で開発した商品のこと。

- ☐ 3 オープン価格 = メーカーが設定した小売価格。

- ☐ 4 デッドストック = 売れる見込みのない在庫品。

- ☐ 5 リコール = 一度販売中止になった商品を再度、販売すること。

- ☐ 6 キャッチ
セールス = 電話で販売する方法のこと。

- ☐ 7 アドバンス = 前払い金や前渡し金のこと。

- ☐ 8 アポイント
セールス = 面会の場で販売する方法のこと。

- ☐ 9 バイヤー = 新しい流通ルートを開拓したり、買い付けの仕事をしたりする人のこと。

- ☐ 10 廉売 = 商品をきれいに並べて販売すること。

サービス業の用語（3）

ここでは、主に支払いに関する用語について学びます。

サービス業でよく使われる用語3

頭金 （あたまきん）	分割払いのときの元になるお金のこと。
手付金 （てつけきん）	その約束を果たす保証として相手に渡すお金。
元金 （がんきん）	何かをするときの、元になるお金のこと。
一時金 （いちじきん）	そのとき限り支給する金銭のこと。
保証金	そのことに責任を持つという意味で相手に渡すお金のこと。
前金 （まえきん）	前払いとして支払うお金のこと。
内金 （うちきん）	売買などで、代金の一部を、契約金として支払うこと。
残金 （ざんきん）	支払うべき金額の未払い分のこと。
即金 （そっきん）	買った品物の代金をその場で支払うこと。
敷金 （しききん）	賃貸の契約の時に、借り手が家主に預けるお金のこと。
礼金 （れいきん）	アパートなどを借りるとき、家主に支払うお礼のお金のこと。
投げ売り	非常に安い値段で売ること。
値幅 （ねはば）	高い値段と安い値段の差のこと。
値踏み （ねぶ）	おおよその値段を見積もること。
言い値	売り手の言うとおりの値段のこと。

掛け値	物を売るときに実際より値段を高くつけること。
捨て値	損得を無視してつけた安い値段のこと。
付け値	買い手が付けた値段のこと。
小売値	一般消費者に販売する値段のこと。
馬鹿値	むやみに高い（安い）値段のこと。
指し値	客が値段を指定すること。
値ごろ	買うのに適当な値段のこと。

一問一答

次はサービス業でよく使われる用語とその意味の組み合わせである。正しいものには○、間違っているものには×を付けなさい。

解答は114ページ

- [ ] **1** 指し値 ＝ 店側が客に提示する値段のこと。
- [ ] **2** 馬鹿値 ＝ むやみに高い（安い）値段のこと。
- [ ] **3** 値ごろ ＝ 値段を下げてほしいと交渉して決まった値段のこと。
- [ ] **4** 付け値 ＝ 売り手が利益を上乗せして付けた値段のこと。
- [ ] **5** 小売値 ＝ 一般消費者に販売する値段のこと。
- [ ] **6** 即金 ＝ 買った品物の代金をその場で支払うこと。
- [ ] **7** 敷金 ＝ 賃貸の契約の時に支払う手付金のこと。
- [ ] **8** 礼金 ＝ アパートなどを借りるとき、仲介の不動産業者に払うお金のこと。
- [ ] **9** 残金 ＝ 支払うべき金額の未払い分のこと。
- [ ] **10** 投げ売り ＝ 非常に安い値段で売ること。

サービス業の用語（4）

ここでは、マーケティング用語について学びます。

マーケティング用語

マーケティング	商品が生産者から消費者の手に移るまでの過程で行われる一切の活動。
セールスプロモーション（SP）	販売促進のこと。
市場調査（マーケットリサーチ）	消費者が何を好んでいるか、どんな商品やサービスを求めているかを探る調査。
コンシューマーリサーチ	消費者を対象とした調査のこと。
マーケットアナリシス	市場分析のこと。市場調査には、販売分析と市場分析がある。
マーケットシェア	市場占有率。
キャッチフレーズ	広告などで、相手にインパクトを与えるために使う短い効果的な言葉。
ダイレクトメール（DM）	宛名広告。郵便などを利用して送付される広告。
インセンティブ	小売店の販売意欲を刺激し、販売活動を活性化させる施策。キャンペーン。
コマーシャルベース	商業上の採算のこと。
フランチャイズチェーン	本部が加盟店に営業権利を与える経営方式。
プライスリーダー	価格の決定に影響力を持つ企業のこと（＝マーケットリーダー）。

カタログショッピング	通信販売の一種でカタログを見て商品を買うこと。
ガレージセール	不要になった物をガレージや庭先で売ること。
オンラインショップ	インターネット上で物やサービスを売るWebサイト。
ワンプライスショップ	すべての商品を同じ値段で販売する店。
セレクトショップ	特定のメーカーやブランドにこだわらない商品を扱う小売店。

一問一答

次はある用語と関連する用語の組み合わせである。
正しいものには○、間違っているものには×を付けなさい。

解答は114ページ

☐ **1** アウトレットストア ＝ 中古品

☐ **2** フリーダイヤル ＝ 通信販売

☐ **3** ディスカウントショップ ＝ 大量販売

☐ **4** ガレージセール ＝ 不要品処分

☐ **5** オンラインショッピング ＝ インターネット

☐ **6** カタログショッピング ＝ 通販

☐ **7** キャッチフレーズ ＝ 広告で使う、印象にのこる効果的な言葉

☐ **8** マーケットリサーチ ＝ 市場調査

☐ **9** マーケットシェア ＝ 市場占有率

☐ **10** シルバーマーケット ＝ 独身を対象とする市場のこと

サービス業の用語（5）

ここでは、セールなどの種類や販売の種類についての用語を学びます。

セールの種類等

オープニングセール	新しくお店を開いた時、または改装やオーナーが変わったなどで新たに内容を変えて再開した時などに行われる販売戦略。
キャンペーンセール	新商品の発売や特定商品の拡販を宣伝と連係して行うこと。
ディスカウントセール	ふだんより安い値段で物を売り出すこと。
クリアランスセール	在庫品一掃の大売り出し。 蔵払い。
バーゲンセール	商品の価格を下げて行う売り出し。 特売。
格安	質の割に値段が安いこと。

販売の種類

ネット販売	インターネットを通じて（オンラインで）商品やサービスを販売すること。
無店舗販売	店舗を開設せずに商品の小売を行うこと。
対面販売	デパートや専門店などで、店員が客と対面して品物を提示し、販売すること。
セルフ販売	購入したいものを手に取り、客が自分自身で会計を済ませること。
訪問販売	無店舗販売の一種で、販売業者が消費者宅等に訪問し、訪問先で商品等の販売活動を行い販売すること。

一問一答

次はある用語と関連する用語の組み合わせである。
正しいものには○、間違っているものには×を付
けなさい。

解答は115ページ

☐ **1** セルフ販売 ＝ 購入したいものを手に取り、客が自分自身で会計を済ませること。

☐ **2** オープニングセール ＝ その日の開店直後にある安売りの戦略。

☐ **3** 対面販売 ＝ デパートや専門店などで、店員が客と対面して品物を提示し、販売すること。

☐ **4** クリアランスセール ＝ 店を閉めることが決まってから閉店日までに行われる安売りのこと。

☐ **5** 訪問販売 ＝ 得意先の会社等に対して販売の許可を得て行う販売方法。

☐ **6** キャンペーンセール ＝ 売れない商品を宣伝して販売する方法。

☐ **7** ネット販売 ＝ インターネットを通じて（オンラインで）商品やサービスを販売すること。

☐ **8** ディスカウントセール ＝ 普段より安い値段で物を売り出すこと。

☐ **9** 無店舗販売 ＝ 店舗を開設せずに商品の小売を行うこと。

☐ **10** バーゲンセール ＝ 一度安く価格を下げた商品をさらに価格を下げて売る制度。

第３章 一般知識

Lesson ❸ - 12

サービス業の用語（6）

ここでは、サービス業でよく使われるカタカナ語と、
旅行・貿易に関する用語について学びます。

サービス業におけるカタカナ用語

クライアント	得意先
アテンダント	接遇者
コンシューマー	消費者
バイヤー	店の営業方針に沿って商品の買い付けをする人のこと。
カスタマー	顧客
プレミアム	割増金
コミッション	手数料
リベート	世話料（支払金の一部を謝礼金などの名目で支払人に戻すこと）
マージン	利益金

貿易に関する用語

円安 （えんやす）	他国通貨に対する円の価値が低下すること。
円高 （えんだか）	他国通貨に対する円の価値が高くなること。

旅行に関する用語

ビザ	外国旅行者に必要な入国許可書
パスポート	外国旅行者に必要な、国籍や本人の証明書
ツーリスト	旅行者
ツアーコンダクター	団体旅行者に付き添って世話をする人。
トラベラーズチェック	外国旅行者用の小切手のこと。

一問一答

次の用語とその意味の組み合わせのうち、正しいものには○、間違っているものには×を付けなさい。

解答は115ページ

- ☐ 1　ツアーコンダクター　＝　団体旅行の日程の計画をたてる人。
- ☐ 2　ツーリスト　＝　旅行者。
- ☐ 3　ビザ　＝　外国旅行者に必要な国籍や本人の証明書。
- ☐ 4　カスタマー　＝　顧客。
- ☐ 5　マージン　＝　申込みのための手付金。
- ☐ 6　アテンダント　＝　接遇者。
- ☐ 7　バイヤー　＝　商品の売り手のこと。
- ☐ 8　コミッション　＝　手数料のこと。
- ☐ 9　リベート　＝　世話料。
- ☐ 10　円高　＝　他国通貨に対する円の価値が低くなること。

サービス業の用語（7）

ここでは、介護業界の用語、
日本料理店で用いられる用語や弁当の用語を学びます。

介護業界の用語

デイサービス	日帰りで利用できる通所介護サービスのこと。
介護タクシー	高齢者や障害者が利用しやすいようなタクシー。
ホームヘルパー	家事など日常生活を支援する訪問介護員のこと。
ケアマネジャー	介護の計画・調整などにあたる介護支援専門員のこと。
バリアフリー	高齢者や障害者が利用しやすいような段差などが改善された環境のこと。
ユニバーサルデザイン	年齢、障害の有無にかかわらず、すべての人に使いやすいようにした製品、環境などのデザインのこと。
シルバーマーケット	高齢者対象の市場のこと。

日本料理店で用いられる用語

上がり	お茶のこと。	お開き（ひら）	宴会の終わりのこと。
紫（むらさき）	しょうゆのこと。	徳利（とっくり）	酒を入れる器。銚子（ちょうし）ともいう。
お手元（てもと）	箸（はし）のこと。		
波の花（なみ）	塩のこと。	おちょこ	酒を入れて飲む器。さかずきのこと。
お愛想（あいそ）	会計のこと。	袴（はかま）	徳利を置く器のこと。

弁当の用語

幕の内弁当	白飯と数種類の副食からなる弁当。
松花堂弁当	中に十字形の仕切りがあり、縁の高いかぶせ蓋のある弁当箱を用いた弁当。
仕出し弁当	注文を受けてから料理を作って指定の場所までお弁当を届けるサービス。

一問一答

次の言葉とその意味の組み合わせのうち、正しいものには○、間違っているものには×を付けなさい。

解答は115ページ

□ **1** ユニバーサルデザイン ＝ 子どもに使いやすいようにしたデザインのこと。

□ **2** ケアマネジャー ＝ 介護の計画・調整をする介護支援専門員のこと。

□ **3** ホームヘルパー ＝ 家事をするお手伝いの人のこと。

□ **4** バリアフリー ＝ 高齢者や障害者が利用しやすいような手すりのこと。

□ **5** デイサービス ＝ 昼間のみのサービスのこと。

□ **6** 波の花 ＝ しょうがのこと。

□ **7** お手元 ＝ はしのこと。

□ **8** 袴 ＝ 徳利を置く器のこと。

□ **9** お開き ＝ 宴会の開始のこと。

□ **10** 松花堂弁当 ＝ 白飯と数種類の副食からなる弁当。

サービス業の用語（8）

ここでは、日本料理の種類と
パーティーの形式を学びます。
特徴をきちんと押さえておきましょう。

日本料理の種類

精進料理	しょうじんりょうり	肉や魚を使わない料理。
会席料理	かいせきりょうり	宴会で出る上等な料理。
懐石料理	かいせきりょうり	一品ずつ客に出す高級な日本料理。
普茶料理	ふちゃりょうり	中国風の精進料理。
本膳料理	ほんぜんりょうり	三の膳までそろえた正式な日本料理。

パーティーの形式

ランチョンパーティー（昼食会）	正午から午後2時	フルコース、略式の晩餐会。
ティーパーティー	午後3時頃から	サンドイッチ・ケーキ・紅茶など
カクテルパーティー（飲食会）	午後5時から1〜2時間	アルコールとオードブル。指定時間内は出入り自由。
カクテルビュッフェ	午後5時頃から	カクテルパーティーに食事が加わったもの。立食式。
ビュッフェパーティー	特に指定なし	立食式のパーティー。
ディナーパーティー	午後6時以降	格式高い。フルコース。着席。席次や服装の指定がある。

物の数え方

物	数え方
箸 <small>はし</small>	膳
お茶	服／杯
ようかん	本

物	数え方
椅子	脚
書籍	冊／部

一問一答

次は用語とその意味の組み合わせである。正しいものには○、間違っているものには×を付けなさい。

解答は116ページ

- [ ] **1** 精進料理 ＝ 座る席が決まった料理の席のこと。

- [ ] **2** 懐石料理 ＝ 一品ずつ客に出す高級な日本料理。

- [ ] **3** 会席料理 ＝ 日本料理のコース料理。

- [ ] **4** 普茶料理 ＝ 中国風の精進料理。

- [ ] **5** 飲茶料理 ＝ 正式な日本料理。

- [ ] **6** ティーパーティー ＝ 飲み物中心のパーティーである。

- [ ] **7** カクテルパーティー ＝ 開始時間後には入室できないパーティー。

- [ ] **8** カクテルビュッフェ ＝ カクテルパーティーに食事が加わった着座式のパーティー。

- [ ] **9** ビュッフェパーティー ＝ 立食式のパーティー。

- [ ] **10** ディナーパーティー ＝ 格式が高く、フルコース。着席。席次や服装の指定がある。

サービス業の用語（9）

ここでは、年中行事に関する用語、
定期刊行物に関する用語を学びます。

年中行事に関する用語

大晦日 （おおみそか）	晦日（月の最後の日）のうち一年最後の日になるみそか。12月31日のこと。
十五夜 （じゅうごや）	1年で最も美しいとされている「中秋の名月」を鑑賞しながら、収穫などに感謝をする行事。
七五三 （しちごさん）	7歳、5歳、3歳の子どもの成長を祝う日本の年中行事。
夏至 （げし）	一年のうちで最も昼の時間が長い日。
冬至 （とうじ）	一年で夜が最も長く、昼が短い日。
五節句 （ごせっく）	1月7日　春の七草／3月3日　桃の節句／5月5日　端午の節句／7月7日　七夕／9月9日　菊の節句
端午の節句 （たんごのせっく）	男子の健やかな成長を祈願し各種の行事を行う。
春の七草 （ななくさ）	「せり、なずな、ごぎょう、はこべら、ほとけのざ、すずな、すずしろ」のことで、この7種の野菜が入った粥を食べる風習がある。

十二支の用語

子（ね）、丑（うし）、寅（とら）、卯（う）、辰（たつ）、巳（み）、午（うま）、未（ひつじ）、申（さる）、酉（とり）、戌（いぬ）、亥（い）

定期刊行物の種類

創刊	新たに定期刊行物を刊行すること。
増刊	きまって刊行する時期・号以外に、刊行すること。
週刊誌	1週間に1回発行されるもの。
月刊誌	毎月発行されるもの。
隔月刊誌	1ヵ月置きに発行されるもの。
季刊誌	季節ごとに年1回発行されるもの。
旬刊誌	月に3回発行されるもの。
機関紙	団体が発行する会員向けの雑誌

一問一答

解答は116ページ

次の用語とその意味の組み合わせおよび説明のうち、正しいものには○、間違っているものには×を付けなさい。

☐ **1** 七五三 ＝ 7歳、5歳、3歳の子どもの成長を祝う日本の年中行事。

☐ **2** 端午の節句 ＝ 男子の健やかな成長を祈願し各種の行事を行う。

☐ **3** 夏至 ＝ 夏の一番暑いとされる日。

☐ **4** 増刊 ＝ 新たに定期刊行物を刊行すること。

☐ **5** 季刊誌 ＝ 年に6回発行されるもの。

☐ **6** 機関紙 ＝ 団体が発行する会員向けの雑誌。

☐ **7** 3月3日は端午の節句である。

☐ **8** 春の七草に「ほとけのざ」が含まれる。

☐ **9** 申は「たつ」と読む。

☐ **10** 戌は「い」と読む。

サービス業の用語（10）

ここでは菓子の種類についてと難読漢字について学習します。

菓子に関する用語

干菓子（ひ）	せんべい、らくがんなどのこと。	氷菓子（こおり）	アイスキャンディー、シャーベットなどのこと。
生菓子	さくらもち、かしわもち、うぐいすもちなどのこと。	練り菓子（ね）	ようかんなどのこと。
		蒸し菓子（む）	まんじゅうなどのこと。
洋菓子	ケーキ、シュークリームなどのこと。	もち菓子	草もち、大福もちなどのこと。
水菓子（みず）	果物のこと。		

読みの難しい用語

・魚介類

鮎	あゆ	鮪	まぐろ	鯖	さば	鯱	しゃち
鯉	こい	鯛	たい	鰤	ぶり	鰰	はたはた
鮒	ふな	鮫	さめ	鱧	はも	鮑	あわび
鰻	うなぎ	鱈	たら	鰈	かれい	烏賊	いか
鱒	ます	鯵	あじ	鱸	すずき	海老	えび
鮠	はや	鰆	さわら	鱶	ふか	秋刀魚	さんま
鯰	なまず	鮃	ひらめ	鰊	にしん	河豚	ふぐ
鰓	えら	鯨	くじら	鰯	いわし	海苔	のり
鮭	さけ	鰹	かつお	鯒	こち		
鯔	ぼら	鱚	きす	鰍	かじか		

・野菜・果物

南瓜	かぼちゃ	葡萄	ぶどう
胡瓜	きゅうり	蜜柑	みかん
西瓜	すいか	椎茸	しいたけ
茄子	なす	生姜	しょうが

・花

紫陽花	あじさい
山茶花	さざんか
彼岸花	ひがんばな
向日葵	ひまわり

一問一答

次の言葉とその意味の組み合わせのうち、正しいものには○、間違っているものには×を付けなさい。

解答は117ページ

- ☐ **1** 蒸し菓子 ＝ 蒸してあるまんじゅうなどのこと。
- ☐ **2** 生菓子 ＝ カステラのこと。
- ☐ **3** もち菓子 ＝ 草もち、大福もちなどのこと。
- ☐ **4** 干菓子 － ケーキ、シュークリームなどのこと。
- ☐ **5** 水菓子 ＝ 水羊羹のこと。

一問一答

次の漢字の読み方として、正しいものには○、間違っているものには×を付けなさい。

解答は117ページ

- ☐ **6** 鰆 ＝ さわら
- ☐ **7** 鮃 ＝ くじら
- ☐ **8** 鰹 ＝ かつお
- ☐ **9** 鯖 ＝ さば
- ☐ **10** 鱧 ＝ はも
- ☐ **11** 蜜柑 ＝ レモン
- ☐ **12** 桜桃 ＝ ぶどう
- ☐ **13** 向日葵 ＝ ひまわり

手紙における表現

ここでは、手紙で使われる表現について学びます。

頭語と結語

　頭語は手紙の冒頭に書く言葉、結語は手紙の結びに書く言葉です。頭語に対応した結語を使うのが一般的です。

文書	頭語	結語
一般文書	拝啓（謹んで申し上げます）	敬具（謹んで申し上げました）
とくに丁寧な文書	謹啓（謹んで申し上げます） 恭啓	敬白（謹んで申し上げました） 謹具
至急文書	急啓（取り急ぎ謹んで申し上げます）	草々（取り急ぎ申し上げました）
略式の文書	前略	草々（取り急ぎ申し上げました）
返信文書	拝復	敬具（謹んで申し上げました）

宛名の敬称

受信者（あて名）	敬称	受信者（あて名）	敬称
法人・官庁などの団体	御中	多数（同文送付）	各位
役職名	様・先生	個人	様

時候のあいさつ

1月	厳寒の候	新春のお慶びを申し上げます。

2月	立春の候	寒さなお厳しい折から…
3月	早春の候	ようやく春めいてまいりましたが…
4月	陽春の候	花々の咲きそろう美しい季節となりましたが…
5月	新緑の候	青葉の美しい季節となりましたが…
6月	梅雨の候	雨に咲くあじさいがひときわ鮮やかですが…
7月	盛夏の候	日ごとに暑さが厳しくなりますが…
8月	晩夏の候	残暑が続きますが…
9月	初秋の候	朝夕めっきり涼しくなりましたが…
10月	秋冷の候	秋もたけなわとなりましたが…
11月	晩秋の候	紅葉の美しいシーズンとなりましたが…
12月	初冬の候	今年もわずかとなりましたが…

一問一答

次の説明のうち、正しいものには○、間違っているものには×を付けなさい。

解答は117ページ

☐ **1** 手紙の返事を出すときの頭語は「草々」である。

☐ **2** 「立春の候」のあいさつ文が使われるのは3月である。

☐ **3** 多人数あての手紙につける敬称は「御中」である。

☐ **4** 「拝啓」の頭語ではじまる手紙文の結語は「敬具」である。

☐ **5** 時候のあいさつ文は末文のあとに書く。

☐ **6** 略式の文書の頭語は「拝復」である。

☐ **7** 「晩秋の候」のあいさつ文が使われるのは10月である。

☐ **8** 法人などの団体あてに送る際のあて名は「様」である。

☐ **9** 特に丁寧な文書の頭語は「謹啓」である。

☐ **10** 「日ごとに暑さが厳しくなりますが」のあいさつ文を使うのは8月である。

第③章 章末問題 3級
一般知識

❶ 次の中から、「品物の価値がよくわかっている」ことをいう言葉を一つ選びなさい。

1) 勘が鋭い

2) 目が高い

3) 目がくらむ

4) 鼻が利く

5) 頭が高い

❷ 次は、用語とその意味の組み合わせである。中から<u>不適当</u>と思われるものを一つ選びなさい。

1) ストック ＝ 在庫

2) クライアント ＝ 顧客

3) メンテナンス ＝ 保守

4) ニーズ ＝ 消費

5) プロセス ＝ 過程

❸ 次の中から、「相手の言い方を聞かずに初めから決めつけること」を言う言葉を一つ選びなさい。

1) 頭が固い

2) 頭を押さえる

3) 頭が低い

4) 頭打ち

5) 頭ごなし

❹ 次は「働く様子」を表した語句とその意味の組み合わせである。中から不適当と思われるものを一つ選びなさい。

1) 額に汗して　　＝　　懸命に努力して働いていること。

2) 馬車馬のように　＝　脇目も振らずに働いていること。

3) 手塩にかけて　＝　人よりも自分が率先して働くこと。

4) 骨身を惜しまず　＝　苦労を嫌がらず働くこと。

5) 身を粉にして　　＝　自分の身を顧みずに働くこと。

一般知識

❶ 次は商売などに関する慣用句とその意味の組み合わせである。中から不適当と思われるものを一つ選びなさい。

1) 二束三文　＝　数は多いが、安い値段しか付かないこと。

2) 海千山千　＝　海の幸、山の幸を豊富にそろえている店のこと。

3) 薄利多売　＝　1個のもうけを少なくして大量に売り、全体で利益を上げること。

4) 千客万来　＝　多くの客が、次から次へと来ること。

5) 一挙両得　＝　一つの仕事で、二つの利益を得ること。

❷ 次は、「言っても手ごたえがないので言うだけ無駄」などの意味を例えたときに使う言葉である。中から不適当と思われるものを一つ選びなさい。

1) 蛙の面に水

2) 馬の耳に念仏

3) のれんに腕押し

4) ぬかに釘

5) 釈迦に説法

❸ 次は大倉芳人が、先輩と話しているときに聞いた言葉とその意味の組み合わせである。中から不適当と思われるものを一つ選びなさい。

1) 口が過ぎる　＝　その場をわきまえず、失礼なことを言うこと。

2) 口が掛かる　＝　仕事や何かの集まりに誘われること。

3) 口が肥える　＝　うまい料理を食べつけて、うまいかまずいかがよく分かること。

4) 口に任せる　＝　よく考えないで、思いつくままに言うこと。

5) 口が干上がる　＝　喉が渇いて、口の中の水分がなくなること。

❹ 衣料品店勤務の武井拓実は先輩から、商品 A に「お勤め品」と表示するように指示された。このお勤め品はどのような品のことか。次の中から適当と思われるものを一つ選びなさい。

1) 当店が特別に値引きしている品

2) 値段の割には出来上がりがよい品

3) 当店が自信を持って薦めている品

4) よい品なので他と比較してもらいたい品

5) 勤め先で着るのに適している品

解答・解説

Lesson ③-1　知っておきたいことわざ・慣用句 (1)

1 ✗ 惜しみなくいくらでも金を使うこと。

2 ✗ 何も努力をしなくても利益を得られること。

3 ○

4 ○

5 ○

6 ✗ 商売は、牛のよだれが切れ目なく長く垂れるように、気長に努力せよということ。

7 ○

8 ✗ 幼いときに形成された性格は、老年期になっても変わらないということ。

9 ○

Lesson ③-2　知っておきたいことわざ・慣用句 (2)

1 ○

2 ✗ 猫もまたいでいくほどまずい魚のこと。

3 ○

4 ○

5 ✗ 物事がだんだん衰えていくこと。

6 ○

7 ○

8 ✗ 自転車は止まれば倒れることから、借り入れと返済を繰り返しながらの操業のたとえ。

9 ✗ 商売がうまくいかないこと。

Lesson ③-3　知っておきたいことわざ・慣用句 (3)

1 ○

2 ✗ 物事を思い切ってせずにためらうこと。

3 ○

4 ○

5 ✗ 抜け目がなく、すばしっこいこと。

6 ✗ ひどい目に遭わせて思い知らせること。

7 ✗ 無愛想に返答をすること。

Lesson ③-4　知っておきたいことわざ・慣用句 (4)

1 ✗ すぐれている人でも，時には失敗することがあるというたとえ。

2 ○

3 ○

4 ✗ 不運に不運が重なること。

| 5 | ✕ | 理屈ではわかっていながら、実行が伴わないこと。 |

Lesson ③-5 知っておきたいことわざ・慣用句 (5)

1	◯	
2	✕	危険を冒さなければ望みのものは得られないことのたとえ。
3	✕	必要もないことをしたために危難に遭うことのたとえ。
4	✕	1つの災難から逃れたと思ったら、別の災難に遭うことのたとえ。
5	◯	
6	✕	ちゃんとした衣装を身につければ誰でも立派に見える。
7	✕	隠していたことが明らかになる。化けの皮がはがれる。
8	✕	平凡な親が優秀な子供を生むたとえ。
9	◯	

Lesson ③-6 知っておきたいことわざ・慣用句 (6)

1	◯	
2	✕	一度失敗したのに懲りて、度の過ぎた用心をすること。
3	✕	参考にすべき、他人のよくない言行。
4	◯	
5	✕	二者が争っているのに乗じて、第三者がまんまと利益を手に入れること。
6	✕	衆人の中で最も傑出した者、同類中で特に優れている者。
7	◯	
8	✕	辛苦して勉強した成果。
9	◯	
10	✕	突然の大事件。人を驚かす変動。

Lesson ③-7 サービス業の用語 (1)

1	✕	先祖代々にわたって伝統的に事業を行っている小売店・企業 (会社) などのこと。
2	✕	「本舗」とは、特定の商品を製造販売している店のこと。
3	◯	
4	✕	「目玉商品」とは、客寄せを目的とする買い得の商品のこと。
5	◯	
6	✕	商売などで売れ行きが良く忙しいときのこと。
7	✕	月のうち5と10が付く日のこと。商売の支払日のため、交通渋滞するといわれている日。
8	✕	流行に関係なく一年を通して売れる基本的な商品のこと。
9	✕	商売があまり振るわないとされる2月と8月のこと。
10	✕	その年初めての売り出しのこと。

1	✗	「アンテナショップ」は、メーカーが消費動向、売れ筋商品、地域特性をつかんで、経営の参考にするため、直営方式で経営する店舗のことをいう。
2	◯	
3	✗	「オープン価格」は、小売業者が独自に設定する価格のこと。「メーカーが設定した小売価格」は希望小売価格。
4	◯	
5	✗	欠陥・不具合などのある製品を、事業者が無償で回収、修理などを行うこと。
6	✗	「キャッチセールス」とは街頭や電話でうまいことを言って高額商品を販売する方法のこと。
7	◯	
8	◯	
9	◯	
10	✗	「廉売」は安売りのこと。

1	✗	客が値段を指定すること。
2	◯	
3	✗	買うのに適当な値段のこと。
4	✗	買い手が付けた値段のこと。
5	◯	
6	◯	
7	✗	賃貸の契約の時に、借り手が家主に預けるお金のこと。
8	✗	アパートなどを借りるとき、オーナーに支払うお礼のお金のこと。
9	◯	
10	◯	

1	✗	「アウトレットストア」は、売れ残りの在庫品を大量に仕入れて、安売りをする店のこと。
2	✗	「フリーダイヤル」は、通話料を着信側が負担する特定の電話番号のこと。
3	✗	「ディスカウントショップ」は、低価格で買い物ができる店のこと。
4	◯	
5	◯	
6	◯	
7	◯	
8	◯	

9	◯	
10	✖	「シルバーマーケット」とは、高齢者層を対象とした市場のこと。

Lesson ③ - 11 サービス業の用語 (5)

1	◯	
2	✖	その日の開店直後ではなく、新しくお店を開いた時や新たに内容を変えて再開した時などに行われる販売戦略。
3	◯	
4	✖	店を閉めることが決まってからではなく、在庫品一掃の大売り出しのこと。
5	✖	得意先とは限らない。訪問先で商品等の販売活動を行い販売すること。
6	✖	売れない商品とは限らない。ふだんより安い値段で物を売り出すこと。
7	◯	
8	◯	
9	◯	
10	✖	商品の価格を下げて行う売り出し。 特売。

Lesson ③ - 12 サービス業の用語 (6)

1	✖	団体旅行者に付き添って世話をする人。
2	◯	
3	✖	外国旅行者に必要な入国許可書。
4	◯	
5	✖	利益金。
6	◯	
7	✖	店の営業方針に沿って商品の買い付けをする人のこと。
8	◯	
9	◯	
10	✖	他国通貨に対する円の価値が高くなること。

Lesson ③ - 13 サービス業の用語 (7)

1	✖	「ユニバーサルデザイン」は、年齢、障害の有無にかかわらず、すべての人に使いやすいようにした製品、環境などのデザインのこと。
2	◯	
3	✖	「ホームヘルパー」は、家事など日常生活を支援する訪問介護員のこと。
4	✖	「バリアフリー」は、高齢者や障害者が利用しやすいような段差などが改善された環境のこと。
5	✖	「デイサービス」は、日帰りで利用できる通所介護サービスのこと。

6	✗	「波の花」は、食塩の別称。
7	○	
8	○	
9	✗	「お開き」は、宴会の終わりのこと。
10	✗	「松花堂弁当」は、中に十字形の仕切りがあり、縁の高いかぶせ蓋のある弁当箱を用いた弁当。

Lesson ③ - 14 サービス業の用語（8）

1	✗	「精進料理」は、肉や魚を使わない料理のこと。
2	○	
3	✗	「会席料理」は、宴会などで出される上等な料理のことだが、コースとは限らない。
4	○	
5	✗	「飲茶料理」は中華料理の一種でお茶を飲みながら点心を食べる。
6	○	
7	✗	「カクテルパーティー」は、出入り自由なお酒中心のパーティーのこと。
8	✗	「カクテルビュッフェ」は立食式である。
9	○	
10	○	

Lesson ③ - 15 サービス業の用語（9）

1	○	
2	○	
3	✗	一年のうちで最も昼の時間が長い日。
4	✗	きまって刊行する時期・号以外に、刊行すること。
5	✗	「季刊誌」は年に4回発行されるもの。年6回は「隔月刊誌」。
6	○	
7	✗	3月3日は桃の節句。端午の節句は5月5日。
8	○	
9	✗	「さる」と読む。「たつ」は「辰」。
10	✗	「いぬ」と読む。「い」は「亥」。

Lesson ③ - 16 サービス業の用語（10）

1	○	
2	✗	生菓子はさくらもち、かしわもち、うぐいすもちなどのこと。
3	○	
4	✗	干菓子はせんべい、らくがんなどのこと。

5	✗	水菓子は果物のこと。
6	○	
7	✗	ひらめ
8	○	
9	✗	きす
10	✗	ぶり
11	✗	蜜柑はみかん。レモンは檸檬。
12	✗	桜桃はおうとう、さくらんぼ。ぶどうは葡萄。
13	○	

Lesson ❸ - 17　手紙における表現

1	✗	「拝復」である。
2	✗	「立春」なので2月。
3	✗	「各位」を用いる。「御中」は法人・官庁などの団体に向けた敬称。
4	○	
5	✗	頭語のあとに書く。
6	✗	「前略」を用いる。
7	✗	11月に用いる。
8	✗	「御中」を用いる。
9	○	
10	✗	7月に用いる。

章末問題　3級

❶	2	
❷	4	ニーズとは要望のこと。
❸	5	
❹	3	「手塩にかける」とは，自分が世話をして大切に育て上げるということ。自分から率先して働くことは「率先垂範」などという。

章末問題　2級

❶	2	「海千山千」とは，さまざまな経験を積み社会の表裏をよく知っていて，悪いことに知恵が働くこと。
❷	5	「釈迦に説法」とは，よく知り尽くしている者に対して教える愚かさのことで，言っても手応えがないこととは違うので不適当。
❸	5	「口が干上がる」とは、収入が途絶えて生活ができなくなるということ。
❹	1	

第 4 章
対人技能

アクセスキー　b

（小文字のビー）

Lesson 4 - 1

人間関係の対処法

人間関係の対処法として、
感謝する心、配慮する心、お客さまの立場に立って行動する心は
とても大切です。

感謝する心

お客さまへの感謝の気持ちは、次のように伝えます。

- 謙虚な態度や姿勢で「ありがとうございます」と丁寧に言っておじぎをする。
- 口先だけでなく、心を込め、親しみをもって言う。

配慮する心

　検定では、お客さまと好ましい人間関係を築くことに関する出題があります。そのためには配慮の心が必要です。

- すべてのお客さまに対し、こちらからあいさつする。
- お客さまの前での行動だけでなく、常に見られている意識をもつ。

お客さまの立場になって行動する心

お客さまの立場に立ち、感じのよい対応を心がけましょう。

- お店も、商品もお客さまのためにあることを忘れない。
- お客さまが快適に、安心して、満足してもらうことを常に考える。
- お迎えからお見送りまで、親近感が必要だが、礼儀正しさも忘れない。
- 常連のお客さまも初めてのお客さまも、高額商品購入のお客さまも低額商品購入のお客さまも分け隔てなく応対する。
- お客さまに説明したあとは、分かりにくいところはどんなことでも聞いてくれるようにと言うようにする。
- お客さまを待たせそうなときは、おおよその待ち時間を言うようにする。

一問一答

ショッピングモール内の洋服売り場における、感じのよい接客として適当なものに〇、不適当なものに×をつけなさい。

解答は154ページ

- **1** 今日は立ち寄っただけという得意客に、立ち寄ってくれた礼を言いながら、新しいものが入ったと知らせる。

- **2** 自分では決められないというお客さまには、雰囲気に合ったものを数点選び出し、その中からこちらが選んでさしあげる。

- **3** 「見るだけなので」と、気兼ねしているようなお客さまに、「気にせずどうぞご覧ください」と言う。

- **4** お客さまの好みを聞いて何点か選び出し、お客さまが落ち着いて選べるように「ごゆっくり」と言う。

- **5** 求めているものが見つかり、これを買いたいというお客さまに、これ以外にもあるがこれでよいのかと確かめている。

- **6** お客さまが何着か選んで迷っているときは、それぞれの特徴を話して選ぶきっかけを作ってあげる。

- **7** お客さまにはただ品物を見るだけでなく、体に当ててみてくださいと鏡の前へ案内している。

- **8** お客さまの好みを聞いて選んですすめるが、なお決めかねているときはこちらで選んであげる。

- **9** 手に取ってみても決めかねているお客さまに、試着すると感じが分かると言って試着をすすめる。

- **10** お客さまが帰るときは、売り場の外まで一緒に行き、来店のお礼を言って見送るようにする。

- **11** 言葉遣いは、常にサービスの基準になるので、マニュアルどおり言うようにしている。

- **12** 初めてのお客さまには、前はどちらのお店で購入していたのかを聞いて、アドバイスの参考にしている。

- **13** 大きな買い物袋を持っているお客さまには、よければ預かると言って、貴重品がないかを確かめてから預かるようにする。

第4章 対人技能

社内外の人間関係

社内、社外問わず、人間関係はとても大切なものです。
ここでは社内、社外に分けて
人間関係で気を付けるべきことをまとめていきます。

社内

　社内の人とのつきあい方は、人間関係の基本です。社内の人とあいさつできない人が、社外に出てもあいさつはできません。まず、社内の人へのあいさつ（「おはようございます」「お先に失礼します」など）からコミュニケーションをとりましょう。

- 上司から学ぶ
  仕事の心構えや、商品知識、専門知識、一般知識、技能を教えてもらい、仕事を覚える。
- 先輩から学ぶ
  経験豊かな先輩から学び、先輩を目標にする。
- 同僚との人間関係
  仲間とライバルの関係になり、一緒に成長していく。

　サービススタッフのコミュニケーションをすすんで図ることは、サービス向上につながります。スタッフ間で次のことを話し合う機会をつくりましょう。

- 日ごろからお客さまが、どのようなサービスを望んでいるか。
- 行ったサービスが、店にとってどのような価値があるのか。
- そのお客さまが、どのようなサービスを望んでいるか。
- 行ったサービスが良かったか悪かったか、お客さまを見てそれはわかるか。

社外

　社外のさまざまな人が関係します。今つきあいはなくても、今後お客さまとなる人もいます。

- 外部の人は、お客さまと同じ言葉遣いと態度で接する。
- つきあいの長いお客さまにも、なれなれしい態度や気安い言葉遣いをしない。

- 友人でも外部の人はお客さまという意識をもつ。
- 会社のことを、容易に話さない。

一問一答

解答は154ページ

百貨店で「アロマオイルを買いに来たが種類が多くて迷ってしまう。おすすめはあるか」というお客さまに対するスタッフの言葉として、適当なものに○、不適当なものに×をつけなさい。

☐ 1 「迷ってしまうのは、残念です」

☐ 2 「どれもいい香りなので、早く使ってもらいたいです」

☐ 3 「今日決まらない場合は、どうぞご自宅で考えて、また来られることを願っています」

☐ 4 「気に入ったものがありましたら、お買い上げになってはいかがでしょうか」

☐ 5 「お帰りになったあとでも、気になるものがありましたら、ご連絡くださいませ」

☐ 6 「まずはどれでもよいので、試しに使ってみてはいかがですか」

☐ 7 「香りの好みは、人によって違うので、迷いますよね」

☐ 8 「ハーブの香りはお好きですか。こちらは薬効もあり、リラックスしていただけますよ」

☐ 9 「それぞれに成分の説明がございますので、読んでお選びいただくのが確かでございます」(と言ってパンフレットを渡す)

☐ 10 「こちらの花の香りのシリーズが、今一番人気がございます。中でもローズの香りは多くのお客さまにお使いいただいています」

☐ 11 「日替わりでお楽しみいただけるセットなどはいかがでしょうか」

☐ 12 「テレビで紹介されたものですので、どなたにも好まれます。こちらがおすすめです」

第4章 対人技能

適切な接遇用語

「接遇」とは、丁寧にお客さまの相手をすることです。
ここでは接遇の用語としてよく使う言葉をあげていきます。
ポイントとしては、気持ちを込めて言うことです。

積極的に使うべき言葉

①「いらっしゃいませ」	歓迎の気持ちと、親しみを込める。
②「はい、かしこまりました」	依頼を受けるときは、前向きに取り組む姿勢を表現する。
③「少々お待ちください」	こちらにとっては短い時間でも、お待たせするお客さまにとっては長く感じる。具体的なおおよその時間をお伝えすることで安心感を与える。
④「お待たせいたしました」	わずかな時間でも、お客さまをお待たせした際には「お待たせして、申し訳ございませんでした」と気持ちを込めて言う。
⑤「申し訳ございません」	お客さまのご要望に添えない場合や謝る場合は、「ご迷惑をおかけして、申し訳ございません」というおわびの気持ちを込めて言う。
⑥「恐れ入ります」	お客さまに頼むとき、「恐れ入りますが、こちらにご記入をお願いいたします」 お客さまにお願いするとき、「恐れ入りますが、そちらの売り場は3階でございます。そちらにお越しいただけますでしょうか」 お客さまからほめられたとき、「恐れ入ります。ありがとうございます」などと気持ちを込めて言う。
⑦「ありがとうございます」	感謝の気持ちを込めて「ご来店ありがとうございます」「お忙しい中、お運びいただき、ありがとうございます」などと言う。
⑧「またのお越しをお待ちしております」	お客さまがお越しくださった感謝とともに、心よりお待ちしているという気持ちを伝える。

一問一答

解答は154ページ

レストランスタッフが「ガチャン」という音で振り向くと、お客さまの前でカップが割れ、こぼれたコーヒーがテーブルに広がっていた。このような場合に、このお客さまに真っ先に声をかける言葉として、適当なものに○、不適当なものに×をつけなさい。

- ☐ **1** 「お客さま、よろしければ別のお席にお移りいただけますが」

- ☐ **2** 「お客さま、すぐ代わりのコーヒーをお持ちします」

- ☐ **3** 「お客さま、店長と対応を相談してまいりますので、少々お待ち願えませんでしょうか」

- ☐ **4** 「お客さま、コーヒーをお下げしてもよろしいですか」

- ☐ **5** 「お客さま、しばらくこのままでお待ちくださいませ」

- ☐ **6** 「お客さま、他のお客さまには店長からおわびします」

- ☐ **7** 「お客さま、私が他のお客さまにおわびしてきます」

- ☐ **8** 「お客さま、お荷物にはかかりませんでしたか」

- ☐ **9** 「お客さま、コーヒーがお洋服にかかりませんでしたか」

- ☐ **10** 「お客さま、当店では、以前から対応はご自分でしていただくことになっております。ご了承いただけませんでしょうか」

- ☐ **11** 「お客さま、お気になさらないでくださいませ」

- ☐ **12** 「お客さま、こちらのタオルをお使いくださいませ」

- ☐ **13** 「お客さま、お連れのお客さまのカップは割れていませんでしょうか」

第4章 対人技能

接遇者としての話し方

ここでは、接遇者としての言葉遣いと
相づちをはじめとする話の聞き方について
まとめておきます。

接遇者としての言葉遣い

　お客さまに対する気持ちは態度のほか、言葉遣いに表れます。言葉遣いを変えるだけで、相手が受ける印象が変わります。

- 丁寧な依頼形にする
  「〜していただけませんでしょうか」
  ※「〜してください」は使いません。

- 直接的な否定形を使わない
  「〜いたしかねます」「〜わかりかねます」
  ※「できません」「わかりません」のような直接的な否定形は、一方的な言い方になるので使いません。

接遇者としての聞き方

お客さまに対応するときは、聞いていることを態度で示す。

- お客さまの話を聞いているときは、タイミングよくうなずくなど、態度でも示す。
- お客さまの話は最後まで聞く。
- 必ずお客さまを見て、「はい」「かしこまりました」などと返事をするようにする。

一問一答

解答は155ページ

お客さまからのチップは受け取らないことになっている観光旅館の客室係は、お客さまにどのように断るのがよいか。適当なものに〇、不適当なものに×をつけなさい。

- [ ] **1** 「お気持ちだけ頂戴いたします」
- [ ] **2** 「規則で遠慮させていただきます」
- [ ] **3** 「お心遣いはお受け取りできません」
- [ ] **4** 「余計なお気遣いは不要でございます」
- [ ] **5** 「会社からお断りするように強制されています」
- [ ] **6** 「お気持ちはありがたいのですが」
- [ ] **7** 「こちらはお戻しいただけますか」
- [ ] **8** 「どのお客さまにも同じことをしております」
- [ ] **9** 「私は仕事でしております」

一問一答

解答は155ページ

お客さまからの質問に答えられなかったときには、どのように言えばよいか。適当なものに〇、不適当なものに×をつけなさい。

- [ ] **10** 「ただ今、詳しい者を参上させます」
- [ ] **11** 「ただ今、詳しい人をお連れいたします」
- [ ] **12** 「ただ今、詳しい先輩を呼ばせていただきます」
- [ ] **13** 「私ではわかりませんので、ただ今、詳しい者を呼んでまいります」

第4章　対人技能

Lesson ❹-5

適切な服装と 不適切な態度

第1章でも服装の重要性は確認しましたが、
ここではユニフォーム（制服）の意味と
好ましい態度について学びます。

ユニフォーム（制服）の意味

ユニフォーム（制服）には次のような意味があります。

- 企業のイメージアップ
- 統一感を与える
- 信頼感を得られる
- 仕事場の雰囲気に合う
- 機能的である
- スタッフの連帯感を得られる

好ましくない態度

　サービス接遇者として行ってはいけない態度を知り、これらを行わないように注意しましょう。

× 従業員同士のおしゃべり
　　仕事と関係のない話をするのは、お客さまを無視した態度になる。お客さまを第一に考えた態度を心がける。
× お客さまの批判をする
　　お客さまへの陰口は聞こえなくとも、態度に表れる。
× 髪や爪をさわる
　　不潔な印象を与える。飲食業でなくても、髪を直すときなどは控室で行う。
× 視線が安定しない
　　落ち着きのない印象を与える。お客さまを見るときは、柔らかい視線を心がける。

一問一答

病院の受付担当が行った患者さまへの対応として、
適当なものに○、不適当なものに×をつけなさい。

解答は155ページ

☐ 1　診察の順番が来た患者さまを呼ぶときは、名前を呼んだ後に「大変お待たせいたしました」と言う。

☐ 2　診察は済んでも帰ろうとせず話しかけてくる患者さまに対して、相手にせず、早く帰って休んだ方が身体のためだと言う。

☐ 3　診察は終わったが不安そうな顔の患者さまには、「何かありましたらいつでもご連絡ください」と言う。

☐ 4　待ち時間が長くなりそうなときは、とりあえず待ってほしいと言って待ってもらっている。

☐ 5　会計を済ませて帰る患者さまには、「お大事になさってください」と言う。

☐ 6　待合室の患者さまを呼ぶときは「○○さま」とだけ言うようにしている。

☐ 7　病気を気にして沈んだ顔をしている患者さまには声をかけず、1人にしておく。

☐ 8　診察時間の問い合わせがあったときは、診察時間と一緒に、混雑する時間帯を言うようにしている。

☐ 9　診察を受けるために保険証を出してきた患者さまには、「受け取りました」とだけ言っている。

☐ 10　車いすやつえを使っている患者さまが近づいてきたときは、こちらから患者さまの方に近づいて用件を尋ねている。

☐ 11　患者さまの応対中に電話に出ざるを得ないときは、応対中の患者さまに「申し訳ありません」と断ってから出ている。

☐ 12　病院に苦情があったときは、謝った後、担当者にわびさせると言って担当者名を聞いている。

☐ 13　診察券などの受け渡しは、受け取るときも渡すときも両手でするようにしている。

第4章　対人技能

Lesson ④-6

サービス接遇の4S

サービス接遇をするものとして
大切にしたいものに、「Smile」「Speed」「Smart」「Safety」の
4Sがあります。

サービス接遇の4S

サービス接遇者として、次の4つのSを大切にしましょう。

1. スマイル （Smile）	・お客さまへは常にほほえみを絶やさない。 ・接客中だけではなく、従業員同士の会話や待機中の表情にも気をつける。
2. スピード （Speed）	・お客さまを第一に考えて、すばやい応対をする。 ・お待たせする場合は、その理由と見通しを説明することも心がける。
3. スマート （Smart）	・お客さまの自尊心を大切にするように配慮する。 ・たとえば化粧室を尋ねられても「お化粧室ですね」などと大きな声で確認するのではなく、「こちらでございます」と丁寧に案内する。
4. セーフティ （Safety）	・お客さまの安全に気を配る。 ・たとえば、店内に段差があれば、「こちらに段差がございます。お気をつけくださいませ」などと声をかける。

一問一答

美容院スタッフの接客サービスについて、適当な
ものに○、不適当なものに×をつけなさい。

解答は156ページ

☐ **1** 久しぶりに来店したお客さまに、「お見えにならなかったので寂しかったですよ」と言って歓迎した。

☐ **2** お客さまに待ってもらうときは、飲み物や雑誌をすすめ、手持ちぶさたにならないようにする。

☐ **3** 予約時間に遅れると電話してきたお客さまに、「いらっしゃってから考えます。まずは来てください」と安心するように言った。

☐ **4** 店が混んでいるときは、お客さまをお待たせしないように、いつもより手早く対応する。

☐ **5** 思い切って明るい色に染めるというお客さまに、「やりましょう。イメージが変わると思いますよ」と言う。

☐ **6** お客さまが帰るときには次の来店日時を予約してもらって、来店したとき待たせることのないようにする。

☐ **7** お客さまの選んだ髪型が仕上がったとき、「よくお似合いです。お客さまの美的センスはさすがですね」と言ってほめた。

☐ **8** なじみのお客さまは、他のお客さまの前でもそのお客さまが常連客であることが分かるように丁寧に対応する。

☐ **9** 予約時間がいつもより早いお客さまに、「ご予約がいつもより早いですが、何か特別な理由があるのですか」と尋ねる。

☐ **10** お客さまと話をするときは、お客さまの好みの話題を探りながら、お客さまに合わせた話をするようにする。

☐ **11** カット中にお客さまが話しかけてきたときは、手は休めずに、お客さまの話し相手になるようにしている。

☐ **12** 美容室の場所がわからず迷っているというお客さまからの電話には、「お電話の後お店の前に出て、お待ちいたしております」と言う。

☐ **13** 冷房が苦手というお客さまには、室内の冷房は調整できないので、申し訳ないが我慢してもらえないかと言う。

第4章 対人技能

接遇の流れ

ここでは、お客さまをお待ちするところから
お見送りするところまで、
接遇の流れをまとめて見てみましょう。

サービス接遇の基本の流れ

待機	姿勢や態度に注意する。お客さまの行動の妨げにならない場所にいる。目配りをするときもじっと見ないように。

▼

出迎え	「いらっしゃいませ」と言って、お客さまに向いてほほえみ、おじぎをする。

▼

受付	お客さまの近くで意向を伺い対応する。 「何をお探しでしょうか」「ご予約いただいておりますでしょうか」など。 傾聴する姿勢をとる。お客さまが説明できないときは手助けをする。

▼

誘導案内	お客さまの目的の場所まで責任をもって誘導する。担当外の場合は引き継ぐ。 「かしこまりました。ご案内します。こちらへどうぞ」と言って指をそろえて、手全体で方向を示す。

▼

提示説明	お客さまが何か探していたり、迷っていたりするときには、タイミングよく話しかける。「お気に召したものがございましたでしょうか」など。 商品は丁寧に扱い、わかりやすく説明する。

▼

クロージング	購入を決意するのがクロージング。お客さまの言葉や表情に注意を向けて、応対する。アドバイスはするが、押しつけにならないように。現物を手に取りながら説明する。 「こちらのほうがお似合いですよ」「いかがでございますか」

▼

会計	間違いのないように、正確に行う。 ・値札を見せながら「○○円でございます」 ・「○○円、お預かりいたします。しばらくお待ちくださいませ」と言っておじぎをする。 ・つり銭をお渡しするときは「お待たせいたしました。○○円、お預かりいたしましたので、○○円のお返しでございます。お確かめくださいませ」 ・レシートをお渡しするとき「お待たせいたしました。レシートでございます」 クレジットカード支払いの場合も、金額や支払回数は口頭で確認する。

▼

見送り	心から感謝の気持ちを込めて見送る。 「ありがとうございました。またどうぞお越しくださいませ」 お見送り後は、次のお客さまがいついらしてもよいように待機する。

一問一答

ある婦人服店のスタッフが行った愛想のある対応
として、適当なものに○、不適当なものに×をつ
けなさい。

解答は156ページ

☐ **1** どんなお客さまでも来店していただけたのだから、「ありがとうご
ざいました」と言う。

☐ **2** 気に入った品が見つかったというお客さまに、「ご満足いただけて、
なによりでございます」と言う。

☐ **3** 目当ての品がなかったお客さまに、「近々、春物が入ります。ご案
内は必要でしょうか」と言う。

☐ **4** 目当ての品があってよかったというお客さまに、「どうにかお気に
召していただけましたね」と言う。

☐ **5** いつでも気軽に来店してもらえるように、「またお待ちしておりま
す」と言う。

☐ **6** あなたに選んでいただいてよかったと言うお客さまに、「お褒めの
言葉は不要でございます」と言う。

☐ **7** ほしいものはなかったというお客さまに、「お気に入りの物がなく
て残念でございました」と言う。

☐ **8** お客さまにスーツ選びのセンスを褒められて、「どのお客さまもそ
のようにおっしゃってくださるのでうれしいです」と言う。

☐ **9** 今日は気に入ったものはなかったという常連客に、「またいつでも
お立ち寄りくださいませ」と言う。

☐ **10** 気に入った品があったというお客さまに、「お目が高くていらっし
ゃるので、おすすめするのにどきどきしました」と言う。

☐ **11** いろいろ試着したが今日はやめておくと言って帰るお客さまに、
「お客さまにお似合いになるものがなくて申し訳ありません」と言う。

☐ **12** 取り寄せ品を雨の日に取りに来たお客さまには、「雨の中、わざわ
ざありがとうございました」と言う。

☐ **13** どちらの洋服も気に入ったが、選べないというお客さまに「どちら
もお似合いですが、○○の方がお顔が明るく、より映えます」と言う。

第4章
対人技能

購買行動

ここでは、お客さまの購買行動における
心理プロセスをAIDMA（アイドマ）を使って解説します。

AIDMA（アイドマ）の法則

　　AIDMAの法則は、お客さまが商品に注目してから購入にいたるまでの心理のプロセスです。それぞれの英語の頭文字を取っています。

Attention （注目）	**商品に注目する** お客さまがショーウインドーや店内をのぞいている。お客さまが何を見ていたのか、見逃さないようにする。 「いらっしゃいませ」と言って、静かに待機する。「ごゆっくりご覧くださいませ」と言うくらいでとどめ、ここでは不用意に声をかけない。

▼

Interest （興味）	**商品に興味をもつ** 「買いたい」という気持ちになるまでのステップは、お客さまによって異なる。

▼

Desire （欲求）	**ほしい、使ってみたいと思う** ここで商品に直接触れ、試着などで商品のよさを感じてもらう。

▼

Memory （記憶）	**後日その商品を思い出す** その場で購入に至らなくても、後日、比較検討するときには、スタッフのアドバイスや説明が鍵になる。

▼

Action （行動）	**商品を購入する** お客さまが購入を決定し、その旨をスタッフに伝える。「ありがとうございます」と感謝の気持ちを伝える。ここでのスタッフの対応が満足感を生む。自分の名刺を渡したり、アフターフォローについて触れたりすることも、お客さまの安心につながる。

一問一答

紳士服売場において、店内で品物を見ているお客さまへの声かけについて、適当なものに○、不適当なものに×をつけなさい。

解答は157ページ

☐ **1** 迷っているお客さまに「いろいろ迷うでしょうが、決められない理由は何でしょうか」と声をかける。

☐ **2** 気に入ったものがないと言うお客さまに、「どのようなものでしょうか。お探しいたしますよ」と言う。

☐ **3** 自分で決められないというお客さまに「今日は決められないということですね」と声をかける。

☐ **4** 鏡の前で似合っているとうれしそうな顔をしているお客さまに、「お似合いですね」と言う。

☐ **5** 似合うかなというお客さまに、「お似合いですから、適当なところで決めることですね」と声をかける。

☐ **6** 自分一人で選んだお客さまに「ぴったりの物をお選びです」と言う。

☐ **7** 気に入った様子のお客さまに、「随分長かったですが、何を迷っていらっしゃったのですか」と声をかける。

☐ **8** 黒色のパンツを手にして迷っているお客さまに「黒色はどなたにもお似合いになりますので、無難ですよ」と声をかけた。

☐ **9** 色々見て迷うお客さまに、「色々見るのもよいと思いますが、もうお決めになりませんか」と声をかける。

☐ **10** 売り場をのぞこうか迷っているお客さまに「見るだけでも結構ですよ。お気軽にどうぞ」と声をかけた。

☐ **11** お客さまが商品を手に取ったら声をかける。

☐ **12** お客さまが何か探しているように周囲を見たらすぐに声をかける。

☐ **13** 接客しているお客さま以外のお客さまが入店しても、声をかけない。

第4章 対人技能

敬語（1）

敬語とは、話し手と聞き手の人間関係の差
（例えば年齢の差、先輩後輩の差、職位（上下関係）の差）を
埋めるために使われる言葉です。

敬語とは

敬語には、尊敬語・謙譲語・丁寧語があります。

尊敬語

相手や話中の人の動作、状態に敬意を表す。

❶「れる・られる」：行かれる、来られる、話される
❷「お／ご〜になる／なさる」：お聞きになる、お待ちになる、ご覧になる
　　※①より②の方が敬意が強い
❸ 言い換え：言う→おっしゃる、行く→いらっしゃる

謙譲語

自分の側がへりくだることで、相手に敬意を表す。

❶「お／ご〜する／いたす」：ご案内する、お会いする、お知らせする
❷「お／ご〜いただく／願う」：お考えいただく、お待ち願う
❸「〜いただく」：渡していただく、話していただく
❹ 言い換え：言う→申す／申し上げる、食べる→いただく

丁寧語

表現を丁寧にする。「〜です」「〜ます」「〜ございます」など。

	丁寧語		丁寧語
する	します	言う	言います
ある	あります	行く	行きます
食べる	食べます	話す	話します

一問一答

パソコン機器販売担当者が、お客さまに言った言葉として、適当なものに○、不適当なものに×をつけなさい。

解答は157ページ

- ☐ **1** 「なんでも聞いてくださいませ」

- ☐ **2** 「在庫を確認してまいります」

- ☐ **3** 「お車までお運びいたしましょうか」

- ☐ **4** 「今日は何を探されておりますか」

- ☐ **5** 「これは使ったことはありますか」

- ☐ **6** 「値段も手ごろです」

- ☐ **7** 「ただ今のご説明でお分かりいただけましたか」

- ☐ **8** 「詳しい担当の方をお呼びしてまいります」

- ☐ **9** 「予約をもらっていたお客さまですね」

- ☐ **10** 「お迷いになられるのは当然です」

- ☐ **11** 「はい、確かにご予約を承りました」

- ☐ **12** 「お探しの商品の予約をお受けいたします。2、3日しましたら、届いているかお電話ください」

- ☐ **13** 「私、担当の田中がお受けさせていただきました」

- ☐ **14** 「何か、ご不明な点はございませんでしょうか」

- ☐ **15** 「ご予約の品をお持ちになるのは、いつがよろしいでしょうか」

第4章 対人技能

Lesson 4 - 10

敬語（2）

Lesson4-9でも紹介しているように、敬語にするには、
「お／ご」「れる／られる」「する／いたす」などの言葉を足す方法と、
単語そのものを置き換える方法があります。

言い換え形式の敬語

よく使われる言い換え形式の敬語をみてみましょう。

	尊敬語	謙譲語
する	なさる	いたす
言う	おっしゃる	申す、申し上げる
聞く	お聞きになる	伺う、承る
見る	ご覧になる	拝見する
行く	いらっしゃる	伺う、参る
来る	いらっしゃる	参る
いる	いらっしゃる	おる
食べる	召し上がる	いただく
与える	くださる	差しあげる
訪ねる	お訪ねになる	伺う、参上する
気に入る	お気に召す	―
借りる	―	拝借する
会う	―	お目にかかる、お目もじする
見せる	―	お目にかける、ご覧に入れる

一問一答

日本料理店のスタッフがお客さまに対して言った
こととして、適当なものには○、不適当なものに
は×をつけなさい。

解答は158ページ

☐ 1 追加注文したいというお客さまに、「メニューをご覧になります
か」と言ってメニューを持って行った。

☐ 2 追加を希望するお客さまに、「コース料理ですので、追加注文はで
きないことになっております」と伝えた。

☐ 3 注文を決めかねているお客さまに、「先にお飲み物だけでも決めて
ください」と言った。

☐ 4 追加の料理を希望するお客さまに、「料理長の了承を得ませんと
出せないので、ご了承ください」と言った。

☐ 5 何を注文するか決まらないお客さまに、「ご注文はどのようになさ
いますか」と尋ねた。

☐ 6 オーダーストップ後に追加を希望するお客さまに、「少々お待ちく
ださいませ。確認して参ります」と言った。

☐ 7 注文を決めかねているお客さまに「どうぞ」と言って、運んだお茶
を出しておいた。

☐ 8 コース料理を注文したお客さまに「コース以外のお料理にはご料
金がかかります」と言った。

☐ 9 「お連れさまをお待ちになりますか」と確かめた。

☐ 10 オーダーストップ後に追加を希望するお客さまに「料理長にお出
しできるか伺ってまいります」と言った。

☐ 11 お帰りのお客さまに対して、「お忘れ物をいたしませんように」と
言った。

☐ 12 予約のお客さまに対して、「明日の何時ごろ、こちらにおいでにな
られますでしょうか」と言った。

第4章 対人技能

敬語（3）

敬語は使い方を間違えると、
かえって失礼になりますので、注意が必要です。
正しく覚えて使いこなしましょう。

間違いやすい敬語

ここでは、**間違いやすい敬語**を紹介します。

❶ 尊敬語と謙譲語の混同
　　× 受付で伺ってください。→「伺う」は謙譲語
　　○ 受付でお聞きになってください。

❷ 二重敬語は誤り
　　× 部長がそうおっしゃられました。　→「おっしゃる」と「れる／られる」
　　　の二重敬語
　　○ 部長がそうおっしゃいました。

❸ 動物、自然現象、外来語などには敬語は使わない
　　× 今日は風がお強いですから・・・
　　× 社長のお宅には、すばらしい犬がいらっしゃいます。

❹ 社外の人に社内の人のことを言うときは、敬語、敬称は使わない
　　×（社外に）社長さんは3時に戻るとおっしゃっていました。
　　○ 社長は3時に戻ると申しておりました。

❺ 社内の人の身内へは敬語表現を使う
　　×（山田部長の家族からの電話に対して）はい、山田は席におります。
　　○ はい、部長はお席にいらっしゃいます。

❻ 上位者に下位者のことを言うときは弱い敬語を使用
　　×（部長に対して）課長はもうお出かけになりました。
　　○ 課長はもう出かけられました。

一問一答

ホテルの従業員のお客さまに対する言葉遣いとして、適当なものに○、不適当なものに×をつけなさい。

解答は158ページ

- ☐ **1** 「すぐにお持ちいたします」

- ☐ **2** 「またのお越しをお待ちしております」

- ☐ **3** 「詳しくは部屋に備え付けの説明書を見てください」

- ☐ **4** 「長旅でおつかれでしょう」

- ☐ **5** 「何か希望がありますでしょうか」

- ☐ **6** 「客室はいくつかタイプがございます」

- ☐ **7** 「観光地ですので、見どころは多いですよ」

- ☐ **8** 「こちらが地図になっております」

- ☐ **9** 「お料理の量は多いです」

- ☐ **10** 「この時間ですと、クリーニングの仕上がりは明日になります」

- ☐ **11** 「ご予約の田中さまですね。お待ちいたしておりました」

- ☐ **12** 「お連れの方がおいでになられました」

- ☐ **13** 「別のスタッフがおっしゃっていました」

- ☐ **14** 「こちらをお渡しするように、菅原から申しつかっております」（菅原は同じホテルのスタッフ）

- ☐ **15** 「高岡さまより、ご伝言をお預かりしています」（高岡は別のお客さま）

- ☐ **16** 「詳しくは受付で伺ってくださいませ」

- ☐ **17** 「お連れさまは、先にお見えになられています」

第4章 対人技能

お客さまに対する 丁寧な言葉遣い(1)

ここでは、お客さまに対する丁寧な言葉遣いを学習します。
まずはポイントをしっかり押さえておきましょう。

シーン別 丁寧な言葉遣い1

丁寧な言葉遣いのポイントは次の通りです。

- 物など名詞の前に「お」または「ご」をつける
- 「します」を「いたします」にかえる
- ふさわしい言葉に言いかえる

A. レストラン

普通の言い方	丁寧な言葉遣い
席へ案内しますので こっちへどうぞ。	お席へご案内いたしますので こちらへどうぞ。
案内しますが、 どの席がよいですか。	ご案内いたしますが、 どの席がよろしいでしょうか。
決まったら呼んでください。	お決まりになりましたらお呼びくださいませ。
ここから好きなものを 選んでください。	こちらからお好きなものを お選びいただけませんでしょうか。
飲み物は 何をもってきましょうか。	お飲みの物は 何をお持ちいたしましょうか。
飲み物はいつ持っていきましょうか。	お飲み物はいつお持ちいたしましょうか。
これは熱いうちに食べてください。	こちらはお熱いうちにお召し上がりください。
そろそろデザートを 出してもよいですか。	そろそろデザートを お出ししてもよろしいでしょうか。

普通の言い方	丁寧な言葉遣い
サービスに駄目なところは ありませんでしたか。	サービスにいたらないところは ございませんでしたでしょうか。

一問一答

解答は159ページ

レストランのサービススタッフがお客さまに対して言った言葉として、適当なものに○、不適当なものに×をつけなさい。

☐ **1** 大雨の日に来店されたお客さまに「お足元の悪い中、ご来店ありがとうございます」。

☐ **2** いい雰囲気の店だと褒められて「ありがとうございます。具体的にはどこがいいですか。この雰囲気を保つのは大変なんですよ」。

☐ **3** トイレはどこかと聞かれて「化粧室はこちらでございます」。

☐ **4** いいお店だと言うお客さまに「ありがとうございます。お料理の方もきっとご満足いただけると思います」。

☐ **5** 注文を受けたあとに「念のため、ご注文を確認してください」。

☐ **6** いいお店だと言うお客さまに「ありがとうございます。さっそく店長にお伝えします。のちほどごあいさつに伺わせます」。

☐ **7** 初めて来店したお客さまを見送るときに「ありがとうございました。またお立ち寄りください」。

☐ **8** いいお店だと言うお客さまに「ありがとうございます。ぜひ今後ともごひいきにお願いいたします」。

☐ **9** 常連客が帰るときに「次の予約も取っていかれますか」。

☐ **10** 初めて来店したお客さまがおいしかったと言ったのに対して「お気に召していただけましたか。何かございましたらお申し付けくださいませ」。

第4章 対人技能

お客さまに対する 丁寧な言葉遣い（2）

前のレッスンに続き、ここでもシーンごとに
お客さまに対する丁寧な言葉遣いを学習していきます。
シーンで分かれてはいますが、そこでしか使われないということではありません。

シーン別 丁寧な言葉遣い2

B. ブティック

普通の言い方	丁寧な言葉遣い
急いでいますか。	お急ぎでしょうか。
着てみますか。	ご試着なさいますか。
一緒にきた人ですね。	お連れの方ですね。
人にあげるものですか。	お使い物でしょうか／贈り物でしょうか。
2000円のお釣りです。	2000円のお返しでございます。
ぜひ、着てもらいたい服があるんですよ。	ぜひお召しになっていただきたいお洋服がございます。
見れば気に入ると思いますから。	ご覧になればお気に召すと存じます。
今バーゲンをやっているんです。	ただ今バーゲンをおこなっておりますが。
その後来ないので心配していたんですよ。	その後お見えにならないので、心配しておりました。
この前買ってくれたスーツはどうでしたか。	先日お求めいただいたスーツはいかがでしたでしょうか。

一問一答

サービススタッフがお客さまに対して使った言葉遣いとして、適当なものに〇、不適当なものに×をつけなさい。

解答は159ページ

☐ **1** 来店したお客さまに、「予約はしてくれたでしょうか」と言った。

☐ **2** 連れはあとで来ると言うお客さまに「かしこまりました。お先にご案内いたします」と言った。

☐ **3** 年配の常連のお客さまに「いつもごひいきにありがとうございます」と言った。

☐ **4** 予約したはずだというお客さまに「今調べますから、ちょっと待ってください」と言った。

☐ **5** 初めてきたお客さまが帰るとき「またお越しくださいませ。お待ちいたしております」と言った。

☐ **6** いい店だと聞いて来たというお客さまに「光栄でございます。ご期待にそえるようにいたします」と言った。

☐ **7** 雨なので遅れたと言う予約のお客さまに「お足元の悪い中、お運びいただきありがとうございます」と言った。

☐ **8** 常連のお客さまに「今日は、新鮮な魚が入荷しています」と言った。

☐ **9** 料理の味をほめてくれたお客さまに「お客さまはお口が肥えていらっしゃいますので、こちらも気が引き締まります」と言った。

☐ **10** 入口でコートを預かるとき、「こちらでおコートを預かります」と言った。

第4章 対人技能

お客さまに対する丁寧な言葉遣い(3)

シーンごとのお客さまに対する丁寧な言葉遣いの3つめです。

シーン別 丁寧な言葉遣い3

C. ホテル

普通の言い方	丁寧な言葉遣い
今案内するから少し待ってください。	ただ今ご案内いたしますので、少々お待ちくださいませ。
荷物を持ちます。	お荷物をお持ちいたします。
飲み物は何にしますか。	お飲み物は何になさいますか。
時間までゆっくりしてください。	お時間までごゆっくりおくつろぎくださいませ。
用があれば、何でも言いつけてください。	ご用がおありでしたら、何なりとお申しつけくださいませ。

D. デパート

普通の言い方	丁寧な言葉遣い
買って損はない品物ですよ。	お買い得なお品でございますよ。
カタログを見せましょうか。	カタログをご覧に入れましょうか(お見せいたしましょうか)。
こっちに来てくれませんか。	こちらにお越しくださいませんか。
ほかに望むことはないですか。	ほかにご希望はございませんでしょうか。
不都合があれば電話してください。	不都合がございましたらお電話くださいませ。

一問一答

旅行会社の窓口スタッフがお客さまに対して使った言葉遣いとして、適当なものに〇、不適当なものに×をつけなさい。

解答は159ページ

- ☐ **1** 「この旅行に目的はありますか」
- ☐ **2** 「お近くに名勝がございますが、いかがなさいますか」
- ☐ **3** 「ほかに希望はありますか」
- ☐ **4** 「パンフレットは見てから来られましたか」
- ☐ **5** 「日にちは決まっておりますか」
- ☐ **6** 「どちらのホテルをおとりいたしましょうか」
- ☐ **7** 「お部屋のタイプのご希望はおありでしょうか」
- ☐ **8** 「このホテルは大変人気があります」
- ☐ **9** 「こちらの部屋は眺めが最高です」
- ☐ **10** 「海側か山側のお部屋をお選びいただけます」
- ☐ **11** 「こちらに名前を書いてもらえませんか」
- ☐ **12** 「はい、そのようにさせていただきます」
- ☐ **13** 「何なりとおっしゃってくださいませ」
- ☐ **14** 「先日お送りいたしましたご案内は、お手元に届いていますか」
- ☐ **15** 「この書類をよく読んでください」

第4章 対人技能

お客さまに対する丁寧な言葉遣い(4)

シーンごとのお客さまに対する丁寧な言葉遣いの4つめです。

シーン別 丁寧な言葉遣い4

E. 洋菓子店

普通の言い方	丁寧な言葉遣い
人にあげるものですか。	どなたかに差し上げる物ですか。 ご進物でございますか。
欲しい物は決まりましたか。	ご希望の品はお決まりになりましたか。
包装に少し時間をもらっていいですか。	包装に少々お時間をいただいてもよろしいでしょうか。
これは今日中に食べてください。	こちらは本日中にお召し上がりくださいませ。
よかったら食べてみませんか。	よろしければご試食なさってみませんか。

F. 自動車販売

普通の言い方	丁寧な言葉遣い
乗り心地を試してみませんか。	乗り心地をお試しになってみませんか。
これの新型が入ってくるのは来月です。	こちらの新型が入荷しますのは来月でございます。
先に手続きを済ませてくれますか。	先にお手続きをお済ませくださいますか。
目当ての車はあるんですか。	お目当てのお車はおありでしょうか。
今日はどういう用件ですか。	本日はどのようなご用件でしょうか。

一問一答

サービススタッフがお客さまに対して使った言葉遣いとして、適当なものに〇、不適当なものに×をつけなさい。

解答は160ページ

- [ ] **1** 「人にあげるものですか」
- [ ] **2** 「発送日のご希望はございますか」
- [ ] **3** 「包装はどうすればよいですか」
- [ ] **4** 「領収証のお宛名はどのようにお書きいたしましょうか」
- [ ] **5** 「持って帰りますか、それとも送りましょうか」
- [ ] **6** 「先方のお客さまもお喜びになると存じます」
- [ ] **7** 「買っていただき、ありがとうございます」
- [ ] **8** 「自宅用ですか」
- [ ] **9** 「ゆっくり選んでください」
- [ ] **10** 「決まったらお呼びください」
- [ ] **11** 「木村さんですね。お久しぶりでしたね」
- [ ] **12** 「何名ですか」
- [ ] **13** 「お待たせしております。ただいま担当者が参ります」

第4章 対人技能

第**④**章　章末問題 3級

対人技能

❶ レストランのスタッフ上地玲は先輩から、お客さまを思いやった応対を心掛けることと指導を受けた。次はその後の上地のお客さま応対である。中から<u>不適当</u>と思われるものを一つ選びなさい。

1) コーヒーを料理と一緒に注文したお客さまに、コーヒーは食後に持ってくるようにするがそれでよいかと尋ねた。

2) 食事を終えたお客さまが帰るとき、「ご利用ありがとうございました。お気を付けてお帰りください」と言った。

3) メニューを何度も見返して迷っているお客さまは、そのような性格なのだろうから、何か言うまでそばで待っていた。

4) 食べきれず残してしまったと謝る女性客に、「女性のお客さまには多かったかもしれませんね」と言った。

5) 昼食時にすぐにできる料理は何かと尋ねるお客さまに、急ぐならランチメニューから選んだ方がよいと答えた。

❷ 次は時計店のスタッフ鈴木成が、お客さまに言ったことである。中から<u>不適当</u>と思われるものを一つ選びなさい。

1) 腕時計の革製のバンドはあるかというお客さまに、「サンプルをご用意いたしますね」

2) 鳩時計はないかというお客さまに、在庫がなく申し訳ないと謝ってから、「お取り寄せはできますが」

3) 新居に合う掛け時計が欲しいというお客さまに、「お部屋のイメージを伺ってもよろしいですか」

4) 腕時計を贈りたいというお客さまに、「何かのお祝い事でございますか」

5) 修理はできるかというお客さまに、「どちらの店でお買い求めの時計でしょうか」

❸ インテリア雑貨売り場のスタッフ斉藤りりは先輩から、店内をいろいろ見て結局何も買わないお客さまでも、帰るときは声がけが必要と言われた。そこで斉藤はお客さまにどのように言うのがよいか、次のように考えた。中から不適当と思われるものを一つ選びなさい。

1) せっかく来店してくれたのだから、「お忙しいところわざわざありがとうございました」と言うのがよいのではないか。

2) いろいろ迷っていたようなので、「来週からセールが始まりますのでいらしてください」と言うのがよいのではないか。

3) 今回は買わなかったが、次の機会には買ってくれることもあるから、「またお立ち寄りくださいませ」と言うのがよいのではないか。

4) ふらっと立ち寄っただけのようだが、「ご来店ありがとうございました」と言うのがよいのではないか。

5) 今日は気に入る物がなかったようだから、「またよろしくお願いいたします」と言うのがよいのではないか。

❹ 婦人靴店のスタッフ仲佐貴子はお客さまから、「この前あった靴を買おうとしたけど、もうないのかしら?」と言われた。女性用の靴には流行があるので、人気の品はすぐに品切れになってしまう。このような場合、仲はこのお客さまにどのように対応するのがよいか。次の中から不適当と思われるものを一つ選びなさい。

1) がっかりしているだろうから、念のためメーカーと他店舗に問い合わせてみると言ってサイズを尋ねて対応する。

2) 女性の靴はいろいろあるので、こだわらずに別の物を探してみると、新たに好みの物が見つかるかもしれないと話す。

3) あの時買えばよかったと思っているだろうから、来週には次のシーズンの靴が入荷するのでぜひ来てもらいたいと言う。

4) 品切れになった靴と似たようなデザインの靴を探し、特徴などを話して履き心地を試してもらう。

5) 目を付けていた靴がなくなってしまったのだから、残念と同情して早くあきらめてもらうようにする。

対人技能

① 料飲店勤務の馬場恵二は、得意先の接待会合で6時から8時まで個室を利用したいというお客さまの担当をすることになった。次は、馬場が行った対応である。中から<u>不適当</u>と思われるものを一つ選びなさい。

1) 料理を出す順番としては、前に出した料理がまだ残っていても得意先の客から出すようにした。

2) 7時15分を少し過ぎたので、幹事役のお客さまに飲み物の注文は7時半までにしてもらいたいと耳元でお願いした。

3) 幹事から「そろそろお客さまの手土産の準備を」と言われたので、タクシーの手配も必要かと尋ねた。

4) お客さまを部屋に案内したときに来店のお礼を言い、自分がサービスを担当させてもらうのでよろしくとあいさつをした。

5) 全員がそろったところで予約料理の説明をし、幹事から提示された無料クーポンのサービス料理もプラスされることを伝えた。

② 次は、スポーツ用品店の平岡純也のお客さま応対である。中から<u>不適当</u>と思われるものを一つ選びなさい。

1) スキーウェアはあるかというお客さまに、「季節がら品数は少なくなっていますが、あちらに置いてありますのでご覧ください」

2) ウォーキング用の靴が欲しいという中年の女性客に、「足腰から衰えるといいますから、始めるには絶好のタイミングですね」

3) 店内にない品をカタログで見て検討したいというお客さまに、「店舗用のカタログですが、この場でご覧いただくので間に合いますでしょうか」

4) レジで大人用のバスケットボールを購入の親子に、「こちらのボールは大人用ですが、よろしいですか」

5) テニスラケットを試している高校生に、「先週の○○選手の試合はご覧になりましたか。これは○○選手愛用のラケットと同じですよ」

❸ 美容室勤務の大家梨央は店長から、「お客さまが美容室に求めるのは技術の高さだけではなく、居心地がよくなる愛想のよい応対もある」と言われた。次はそのことを意識した大家の応対である。中から不適当と思われるものを一つ選びなさい。

1) 思い切って短くしたいというお客さまに、「やりましょう。今のロングヘアもお似合いで惜しいですけれどね」と今の髪形も褒めた。

2) 久しぶりに来店したお客さまに、「お見えにならなかったので寂しかったですよ。またいろいろと楽しいお話を聞かせてください」と言った。

3) 予約時間より早く来店したお客さまに、「早めにお越しいただいたのに申し訳ございません。少々お待ちいただけますか」と言って、雑誌と飲み物をすすめた。

4) 急病で今日の予約をキャンセルしたいというお客さまに、「お目に掛かれず残念です。次はいつごろご予約ですか」と尋ねた。

5) お客さまの選んだ髪形が仕上がったとき、「よくお似合いです。お客さまの美的センスはさすがですね」と言って褒めた。

❹ 中川るいが勤務のコーヒーショップは駅前で電車利用のお客さまが多く、朝は特に急いでいる人が多い。次は中川が、お客さまがレジを済ませ気持ちよく店を出ることが出来るように行っていることである。中から適当と思われるものを一つ選びなさい。

1) 品物を渡すときは、どんなお客さまにも「ありがとうございます。行ってらっしゃいませ」と言っている。

2) お客さまは早く済ませたいと思っているのだから、スピードを優先して無言でレジを打ち、合計金額だけ伝えている。

3) お客さまが会計の後レジ前で釣り銭をしまっていたら、「次のお客さまのためにご配慮願います」と言ってずれてもらっている。

4) 清算後にレシートを持ち帰らないお客さまが多いので、必要と言われたときだけ渡すようにしている。

5) コーヒーを持ち帰るお客さまには、購入個数に関係なく全て袋に入れて持ちやすいようにして渡している。

解答・解説

Lesson ④ - 1 　人間関係の対処法

1	○	
2	✕	こちらが選ぶのではなく、一緒に選んでさしあげる。
3	○	
4	○	
5	✕	お客さまが決めたことにこちらから言う言葉ではない。
6	○	
7	○	
8	✕	こちらで選んであげるのではなく、一緒に選んでさし上げる。
9	○	
10	○	
11	✕	マニュアルも重要だが、お客さまの状況に合わせて言う。
12	✕	どちらのお店で購入していたのかを聞いてもアドバイスの参考にならない。尋ねることは失礼である。
13	○	

Lesson ④ - 2 　社内外の人間関係

1	✕	「残念です」はこちらの気持ちだけを伝えているので不適当。
2	○	
3	○	
4	✕	このように言葉をかけても、お客さまが気に入って買うことにならない。
5	○	
6	✕	「まずはどれでもよいので」というのはお客さまの気持ちになっていない。
7	○	
8	○	
9	✕	口頭で説明することでお選びいただけるのである。パンフレットを渡して読んでもらうようにするのはよい応対ではない。
10	○	
11	○	
12	✕	テレビで紹介されたとしても、すべての人に好まれるという理由にならない。

Lesson ④ - 3 　適切な接遇用語

1	○	
2	○	

3	✘	店長と相談することではない。
4	✘	コーヒーを下げることが優先ではない。
5	✘	何かしらの対応が必要。
6	✘	これはお客さまに言う必要がない。
7	✘	まずすることは、目の前のお客さまに対応すること。
8	○	
9	○	
10	✘	店が対応するべきことなので不適当。
11	○	
12	○	
13	✘	お連れのお客さまのカップが割れたかどうかは、真っ先に尋ねることではない。

Lesson ④-4　接遇者としての話し方

1	○	
2	○	
3	✘	「せっかくのお心遣いですが」が適当。
4	✘	「余計な」は不要。
5	✘	「強制されている」は不適当。
6	○	
7	○	
8	✘	断る理由にはならない。
9	✘	断り方が直接的で不適当。
10	✘	「参上させます」→「伺わせます」
11	✘	「詳しい人をお連れいたします」→「詳しい者を連れてまいります」
12	✘	「先輩を呼ばせていただきます」→「詳しい者を呼んでまいります」
13	✘	「わかりませんので」→「わかりかねますので」

Lesson ④-5　適切な服装と不適切な態度

1	○	
2	✘	話しかけるには何かしらの理由がある。患者さまを相手にしないというのは不適当。
3	○	
4	✘	○○分ほどかかりそうだと説明して、待ち時間を承知のうえ、待ってもらう。
5	○	
6	✘	「○○さま、いらっしゃいますか」などと、親しみを持った言い方を心がける。

7	✕	沈んだ顔をしている患者さまには、「どうぞお大事になさってください」などと親しみのある声かけをする。
8	◯	
9	✕	「いかがなさいましたか」などと尋ねる。
10	◯	
11	◯	
12	✕	担当者名を聞くのではなく、その場でわびることが大切である。
13	◯	

Lesson ❹-6　サービス接遇の4S

1	◯	
2	◯	
3	✕	「まずは来てください」は安心してもらう言葉ではない。
4	✕	お待たせしないようにすることは大切だが、混んでるからといって手早く対応すればよいわけではない。
5	◯	
6	✕	予約はお客さまの都合でするもの。間際の予約を希望されるお客さまもいる。
7	◯	
8	✕	他のお客さまの前で特定のお客さまを特別扱いするようなことはしないようにする。
9	✕	理由を聞く必要はない。
10	◯	
11	◯	
12	◯	
13	✕	冷房を調整できるならして、無理そうならひざ掛けを渡したりする。

Lesson ❹-7　接遇の流れ

1	◯	
2	◯	
3	✕	目当ての品がなかった場合、似た品をおすすめする。
4	✕	「きっとお気に召していただけると信じておりました。すてきですよ」などと言う。
5	◯	
6	✕	「お褒めにあずかり光栄でございます」などと言う。
7	✕	「せっかくお越しいただきましたのに、お気に召した物がなくて申し訳ございません」などと言う。
8	✕	「どのお客さまも」は不要。

9	○	
10	○	
11	○	
12	✕	当たり前の答えなので、愛想のある対応になっていない。「雨の日にお越しいただきましてありがとうございます。早くお渡しできて光栄です」などがよい。
13	○	

Lesson ④ - 8 購買行動

1	✕	迷う理由を問い詰めるような聞き方をしない。
2	○	
3	✕	決められないお客さまへのアドバイスになっていない。
4	○	
5	✕	お客さまの気持ちに寄り添っていない。
6	○	
7	✕	長くかかった理由を聞くのは余計。
8	✕	「無難ですよ」はアドバイスではない。
9	✕	「もうお決めになりませんか」と急かすのは不適当。
10	○	
11	✕	商品を手に取ったらすぐに声をかけるのではなく、様子を見てから適切なときに声をかける。
12	○	
13	✕	接客しているお客さま以外のお客さまにも、来店の際、声をかける。

Lesson ④ - 9 敬語（1）

1	✕	「何なりとお申しつけくださいませ」が正しい。
2	○	
3	○	
4	✕	「本日は何をお探しでいらっしゃいますか」が正しい。
5	✕	「こちらをお使いになったことはおありですか」 が正しい。
6	✕	「お値段も手ごろでございます」が正しい。
7	○	
8	✕	「詳しい担当の者を呼んでまいります」が正しい。
9	✕	「ご予約をいただいたお客さまでいらっしゃいますね」が正しい。
10	✕	「お迷いになるのは当然のことです」が正しい。
11	○	

12 ✕ お客さまに電話させるのではなく、こちらから電話する。「2、3日で届きますので、電話でお知らせいたします」

13 ✕ 「私、担当の田中が承りました／お受けしました」が正しい。

14 ⭕

15 ✕ 「お持ちになる」は尊敬語。謙譲語の「お持ちする」を使う。

Lesson ❹ - 10 敬語（2）

1 ⭕

2 ✕ 「いたしかねます」と丁寧に断る。

3 ✕ 迷うこともあるだろうから、急がせたりしない。

4 ✕ 「確認して参ります」が適当。

5 ✕ 決まらない客に急がせる言い方はしない。

6 ⭕

7 ✕ お飲み物や食事の注文を決めかねているお客さまに先にお茶を出さない。

8 ⭕

9 ⭕

10 ✕ あえて「料理長に」と聞く必要はない。「確認して参ります」が適当。

11 ✕ 「いたす」は自分がすることの謙譲的表現。「お忘れ物をなさいませんように」が適当。

12 ✕ 「おいでになられますでしょうか」ではなく「おいでになりますか」が適当。

Lesson ❹ - 11 敬語（3）

1 ⭕

2 ⭕

3 ✕ 「詳しくは部屋に備え付けの説明書をご覧くださいませ」が正しい。

4 ✕ 「長旅で」という必要はない。「おつかれさまでございます」だけでよい。

5 ✕ 「何か希望がございますでしょうか」が正しい。

6 ⭕

7 ✕ 「観光地ですので、見どころはたくさんございます」が正しい。

8 ✕ 「こちらが地図でございます」が正しい。

9 ✕ 「お料理の量は十分だと存じます」が正しい。

10 ✕ 「こちらの時間ですと、クリーニングの仕上がりは明日でございます」が正しい。

11 ⭕

12 ✕ 二重敬語。「いらっしゃいました／おいでになりました」と言う。

13 ✕ ホテルのスタッフのことについては謙譲語を使う。「別のスタッフが申しておりました」が正しい。

14	○	
15	○	
16	✕	「伺う」は謙譲語。「お聞きになってください／お尋ねください」が正しい。
17	✕	二重敬語。「お見えになっています／お見えです」が適切。

Lesson ④ - 12 お客さまに対する丁寧な言葉遣い（1）

1	○	
2	✕	お客さまが褒めてくださっていることに「ありがとうございます」と素直にお礼を言うのがよい。
3	○	
4	○	
5	✕	「念のため、ご注文を確認させていただきます」などと言う。
6	✕	「店長に申し伝えます」が適当。
7	○	
8	○	
9	✕	強制的に次の予約を要求はしない。
10	○	

Lesson ④ - 13 お客さまに対する丁寧な言葉遣い（2）

1	✕	「ご予約はいただけておりますでしょうか」が正しい。
2	○	
3	○	
4	✕	「ただ今お調べいたしますので、少々お待ちください」が正しい。
5	○	
6	○	
7	○	
8	○	
9	○	
10	✕	「こちらでコートをお預かりいたします」が正しい。

Lesson ④ - 14 お客さまに対する丁寧な言葉遣い（3）

1	✕	「こちらのご旅行に目的はございますか」が正しい。
2	○	
3	✕	「ほかにご希望はおありでしょうか」が正しい。
4	✕	「パンフレットはご覧になってからお越しでしょうか」が正しい。
5	✕	「お日にちはお決まりでしょうか」が正しい。

第4章 対人技能

6	○	
7	○	
8	✕	「こちらのホテルは大変人気がございます」が正しい。
9	✕	「こちらのお部屋は眺めが最高でございます」が正しい。
10	○	
11	✕	「こちらにお名前をお書きいただけませんか」が正しい。
12	○	
13	○	
14	○	
15	✕	「こちらの書類をお読みいただけますか」が正しい。

Lesson ④ - 15 お客さまに対する丁寧な言葉遣い（4）

1	✕	「ご進物でございますか」が正しい。
2	○	
3	✕	「包装はどのようにいたしましょうか」が正しい。
4	○	
5	✕	「お持ち帰りになりますか、それともお送りいたしましょうか」が正しい。
6	○	
7	✕	「お買い上げいただき、ありがとうございます」が正しい。
8	✕	「ご自宅用でございますか」が正しい。
9	✕	「ごゆっくりお選びくださいませ」が正しい。
10	✕	「お決まりになりましたらお伺いいたします」が正しい。
11	✕	「木村さまでいらっしゃいますね。お久しぶりでございます」が正しい。
12	✕	「何名さまでしょうか」または「何名さまでいらっしゃいますでしょうか」が正しい。
13	○	

章末問題　3級

❶	3	お客さまが迷っているならば、お薦め料理を紹介するなり、決まったら声を掛けてくれるように言って引き下がるのがよい。何か言うまでそばで待っているのは、お客さまを思いやった応対とはいえないので不適当。
❷	5	どこで買ったかは時計の修理には関係のないことなので不適当。
❸	1	購入したかに関係なく、来店してくれたお客さまにお礼を言うなどの声かけはサービススタッフとして必要なこと。ただし「お忙しいところわざわざ」という言い方は、何も買わないお客さまには嫌みに聞こえる。余計な言葉なので不適当。

④ 5 お客さまの気持ちに同情するのはよいが、早くあきらめてもらうなどは対応として不適当。

章末問題　2級

① 5 全員そろったとき料理を説明するのはよい。しかし、無料クーポンのサービス料理については、このような場では言わないのがお客さまへの配慮。幹事に伝えるだけでよいことなので不適当である。

② 2 ウォーキングは健康や若さを保つなどの目的です。「足腰から衰えるので絶好のタイミング」とは、衰える年齢だと断定していて目的に水を差すような言い方。嫌みにも聞こえるので、お客さま応対として不適当。

③ 4 急病でキャンセルしたいというお客さまに残念と言うのはよい。しかし、次の予約の予定を尋ねるのは相手のことを考えた応対ではないので不適当。このような場合は体調を気遣い、回復した後の連絡を待っているなどの応対がよい。

④ 1 品物を渡すときは「ありがとうございます」と言うのが一般的。それに「行ってらっしゃいませ」を足せば感じのよさが増し、お客さまに気持ちよく店を出てもらえるであろう。したがって、1が適当である。

第4章 対人技能

第 5 章

実務技能

アクセスキー　**n**
（小文字のエヌ）

サービス業務の基本手順（1）

お客さまをお迎えする仕事の準備から、
最後のお見送りと片づけまでも重要な仕事です。
ここから4回に分けて順に解説していきます。

① 開店前の準備

開店前には以下のようなことをします。

- 身だしなみを整える。
- 接客カウンターやレジのテーブルを整える。
- カタログや販売用の商品の陳列が乱れていないか確認する。
- お客さまが使う筆記用具を整える。
- お客さま用のトイレの点検をする（以後は時間を決めて行う）。

② 待機

　開店したら、お客さまがすぐにいらっしゃらなくても、待機の時間も気を抜かず、お迎えする気持ちを表現します。ポイントは、常に見られていると認識すること、店内はお客さまの空間であるという意識をもつことです。
　やってはいけない態度、振る舞いを挙げておきます。

- ✖ 壁によりかかる。
- ✖ 机にもたれる。
- ✖ ひじをつく。
- ✖ 髪をいじる。
- ✖ おしゃべりをする。
- ✖ 店内の鏡などで、化粧や服装を直す。
- ✖ 仕事以外の本や週刊誌を読む。
- ✖ お客さまを無視する態度をとる。
- ✖ 手元の作業（パソコンや伝票記入など）に夢中になり、お客さまの来店に気づかない。

一問一答

解答は206ページ

お客さまをお迎えする前に行う店内清掃について、適当と思うものに○、不適当と思うものに×をつけなさい。

☐ **1** きれいなトイレは店のイメージを高めるものである。

☐ **2** 店内でお客さまに接することだけがサービスではない。

☐ **3** トイレの点検などは担当を決めて行う。

☐ **4** トイレをいつもきれいにしておくことは、まめに点検する以外に方法はない。

一問一答

解答は206ページ

店内にカフェのスペースを設けているパン屋で、開店20分前の準備中に常連客が来た時の対応について、適当と思うものに○、不適当と思うものに×をつけなさい。

☐ **5** 飲み物はすぐに出せるので、とりあえずそれだけで少し待ってもらいたいと言って案内する。

☐ **6** 注文は受けるが、準備中なのですぐには出せないと断り、それでよいならと言って案内する。

☐ **7** 注文のパンが決まっていれば、取り置きすると言う。

☐ **8** パンの焼き上がり時間はそれぞれ違うので、開店時間だからといってそろうわけではないと念を押して待ってもらう。

☐ **9** パンを購入とのことだが、待っている間は飲み物を飲んではどうかと言って、注文しそうなら入店してもらう。

第5章 実務技能

Lesson ❺-2

サービス業務の基本手順（2）

ここではお客さまが来店されてから、
対応をするところまでを学んでいきます。

③ アプローチ

　お客さまが来店されたら、言葉と態度でお迎えします。お客さまとアイコンタクトをとって気持ちを伝えるようにします。

- 明るい声で「いらっしゃいませ」とあいさつする。
- お客さまとアイコンタクトをとる。
- お客さまへのアプローチはタイミングを考えて言葉をかける。
- お待たせしないようにしなくてはならないが、お待たせする場合は事前に伝える。

④ 接遇応対

　商品の説明は五感、つまり視覚、聴覚、触覚、嗅覚、味覚を基本にすると伝えやすくなります。特に食品は、五感すべてを使って説明します。そのほか、たとえばスポーツ施設なら設備や環境をお客さまに見ていただいたり、ホテルなら部屋にご案内したら、カーテンを開けたりするといいでしょう。

　商品の情報提示するときには下記のことに気を付けます。

- お客さまの要望を聞く。
- 適切な品をおすすめする。
- 必要に応じて類似品の情報提供をする。
- 品選びのため、希望や好みを聞き出す。
- 会話は一方的にならないようにする。
- 決定権はお客さまにあることを忘れない。

一問一答

解答は206ページ

飲食店のスタッフが、貸切の忘年会の予約を受け付ける際、パーティーの日にち以外に聞くこととして、適当と思うものに○、不適当と思うものに×をつけなさい。

☐ **1** 参加者の方の中に食物アレルギーがある人がいるか。

☐ **2** 開始前に飲み物も出しておいてよいか。

☐ **3** 途中であいさつなど、食事を提供しない時間を設けるか。

☐ **4** 飲み放題のプランを希望するか。

☐ **5** 幹事と参加者のそれぞれの人数。

☐ **6** 予約者の連絡先。

☐ **7** 予算はいくらか。

☐ **8** 利用時間。

☐ **9** 食事のメニューはどうするか。

☐ **10** 立食式か着席式どちらにするのか。

☐ **11** 着席式なら、座る席はこちらで決めてよいか。

☐ **12** 支払いは誰がするのか。

第5章 実務技能

Lesson ⑤ - 3

サービス業務の基本手順（3）

次はお金のやりとりの場面です。
間違いがないよう気を配る必要があります。

⑤ 金銭授受

　お客さまとの金銭のやりとりは、言葉とともにお客さまにも一緒に確認いただくことが、間違いを防ぐことになります。覚えておきたいことは次のとおりです。

現金払いの場合

- 代金を提示する。
- お客さまが出した金額を、お客さまの目の前で復唱する。
- お客さまと一緒に確認した金額を受け取る。
- お釣りは、「お確かめください」と言って、お客さまに紙幣や硬貨が見えるようにして渡す。
- カルトン（金銭トレー）を使う場合もある。

クレジットカード等の場合

- カードや控えなどを、間違いなくお返しする。
- お返しするときは口頭で確認しながら、両手でお渡しする。
- 「カードをお返しいたします」と一言添える。

領収証

- 領収証を発行する場合は、お客さまに、宛名をメモに書いていただくなどして他のお客さまの前で聞こえないようにする。
- 領収証は公的書類なので、きちんとした字で手書きする。

領 収 証

株式会社×× 御中　　　　　20XX 年10月5日

金額　￥ 5,280　（税込）

但 書籍代として
上記正に領収いたしました

内訳
税抜金額　　￥4,800
消費税額等 (%)　￥480

○○○書店新宿店
東京都新宿区×× 1-2-3
×× 第1ビル
TEL：03-0000-0000
FAX：03-0000-0000

印鑑

文具専門店で働くスタッフの会計時の対応として、適当と思うものに○、不適当と思うものに×をつけなさい。

解答は206ページ

・現金払いのお客さま

☐ **1**　「合計金額は1,540円になっております」と言う。

☐ **2**　5,000円札を出したお客さまに「5,000円からお預かりいたします」と言う。

☐ **3**　「細かいのがあります」と言うお客さまに「お釣りを出しますから、結構です」と言う。

☐ **4**　「お釣りは、8,790円でございます。お確かめください」と言う。

☐ **5**　「こちらはレシートのお返しでございます」と言ってレシートを渡す。

・クレジットカード払いのお客さま

☐ **6**　「かしこまりました。支払回数は1回でよろしかったでしょうか」と言う。

☐ **7**　「リインと暗証番号の入力を選べますが、どのようにいたしますか」と言う。

☐ **8**　カードの支払いは何回払いがあるのか分からないというお客さまに、「こちらではカード会社のことは分かりません」と言う。

☐ **9**　サインをするというお客さまに、「こちらにお願いいたします」と言って、サインする箇所を示す。

☐ **10**　「クレジットカードの控えはどのようになさいますか。こちらで処分いたしましょうか」と言う。

第5章　実務技能

サービス業務の基本手順（4）

最後にお客さまのお見送りと片づけの手順です。
「終わりよければすべてよし」。
最後まで気を抜かずに応対していきましょう。

⑥ 見送り

　金銭授受が終われば、応対は終わりというわけではありません。また来たいと思っていただけるような印象に残る丁寧なお見送りをしましょう。
　ここでお客さまにかける言葉としては、次のようなものがあります。

- 「ありがとうございました」
- 「またお越しくださいませ」
- 「またのお越しをお待ちいたしております」
- 「お忘れ物はございませんか」
- 「お気をつけてお帰りくださいませ」

　自分が担当したお客さまでなくても、会釈やおじぎをして丁寧にお見送りします。店によっては、店外に出てお見送りします。お見送りするスタッフ以外で手が空いたスタッフはお客さまの忘れ物がないか確認する。

　お見送りが終わったら、再度、お客さまの忘れ物がないか、すぐに確認します。もし忘れ物が見つかった場合は日時、時間、場所（席）を書いておきます。

⑦ 片づけ

　お客さまをお見送りしたら、次のお客さまをすぐにお迎えできるように準備します。

- 広げたパンフレットや商品を整理する。
- 陳列を整える。
- テーブルの上だけではなく、椅子やフロアまで、細かく確認する。

一問一答

美容師の対応として、適当と思うものに○、不適当と思うものに×をつけなさい。なお、1～5はお客さまのお見送りのとき、6～10は片づけのときである。

解答は207ページ

・お見送り

☐ **1** カットが終わって、店内の鏡で自分を見ているお客さまに、「ありがとうございました。気に入っていただけましたか」と言って、出口まで案内した。

☐ **2** スタッフがドアを開けて「また次回お待ちしています」と笑顔で見送った。

☐ **3** ドアの外に出て、お客さまが角を曲がるまで見送った。

☐ **4** お客さまを見送る際の声かけは、印象に残るように見送りスタッフだけでする。

☐ **5** お見送りのとき、手がすいているスタッフは、何度でも声を出してあいさつする。

・片づけ

☐ **6** お客さまが帰った後に忘れ物がないか、すぐに確認するようにしている。

☐ **7** もし忘れ物があった場合は、その席を記載しておくようにしている。

☐ **8** お客さまへの応対を先にして、片づけは後にする。

☐ **9** 片づけは早くすることが重要なので、予約のお客さまが来てもあいさつはせずに、案内できる状態になってからしている。

☐ **10** 片づけは、自分の担当したお客さまの席のみをする。

第5章

実務技能

171

店舗以外での接客

ここでは店舗以外での接客と
日常業務で気を付けるべきことについて学んでいきます。

店舗以外でのお客さま対応

　お客さまにお店に来ていただくほかに、こちらがお客さまを訪ねていくこともあります。店舗以外でお客さまと会うときの注意事項は次の通りです。

- 訪問の際も、身だしなみを整えることが大切。
- 事前に電話で訪問することを連絡していても、直前に再度連絡を入れる気配りをする。
- 決して急に訪問するようなことはしない。
- お客さまの個人情報を取り扱うという自覚をもつ。
- 情報を店舗以外に持ち出す場合は、細心の注意を払う。
- 忘れ物のないように、パンフレット、見積書、商品などを準備する。
- お客さまと約束した時間を守る。
- 時間内に説明や商談が終わるようにする。
- 商談のうえ、ご購入にならなかった場合も感謝の気持ちを伝える。
- お客さまに関する情報を店舗外で話さない。

日常業務のチェックポイント

　こんな点が多いと問題が発生しやすくなります。注意するようにしましょう。

- ✖ 店舗内の清掃が行き届いていない。
- ✖ 机の上が整理されていない。
- ✖ スタッフ同士の私語が多い。
- ✖ 上司への報告・連絡・相談が少ない。
- ✖ お客さまの注文を復唱しない。
- ✖ 退社前になるとそわそわする。

次はデパートの外商スタッフが、お客さま宅を訪問する際にとった行動である。適当と思うものに○、不適当と思うものに×をつけなさい。

解答は207ページ

☐ 1 訪問前は店内と同じように、身だしなみを整えた。

☐ 2 訪問するお客さまの自宅の地図を、事前に確認した。

☐ 3 訪問した際に、玄関で脱いだ靴は、そろえて端に置いた。

☐ 4 お客さまへの説明が終わったあと、教えてほしいことがあると言われたので、「約束の時間がせまっているので、またの機会にしてほしい」と丁寧に断った。

☐ 5 訪問後、直接家に帰るときは、仕事外のことなので、個人情報の書類の持ち運びには特に気を配らなかった。

☐ 6 お客さまの負担にならないように、訪問する日に確認の電話することはしなかった。

☐ 7 最新の案内状は、持参するより郵送するほうが効果があるので、持参しないようにした。

☐ 8 移動中に電車の遅延で訪問が遅れることが分かったが、約束の時間になってから遅れることを電話で伝えた。

☐ 9 訪問時、コートは玄関の外で脱がず、お客さま宅に上がるときに脱いだ。

☐ 10 帰る際、家の中でコートを着てよいと言われたので、「失礼いたします」と言って玄関のところでコートを着た。

第5章 実務技能

問題処理（1）：
クレーム対応1

クレームはどのようなときに起こり、
どのように対処すればよいでしょうか。
ここから2回に分けてクレーム対応法について学びます。

クレームの対応1

　クレームは、お客さまが商品やサービスに不満をもったときに起こります。
クレームを受けたら、まず誠意をもって謝罪することが大切です。たとえこち
らに非がなくても、また理由はどうであれ、相手の気分を害したことについて
お詫びをします。
　クレームの対応についてこれから順を追って解説します。④以降は次の
Lessonに続きます。

❶ まず謝る
- 「申し訳ございません」と丁寧なおじぎとともに謝罪する。

❷ お客さまの言い分を全部聞く
- 「でも」や「それは」など話の腰を折ることはしない。

❸ 解決方法を具体的に示す
- 商品の場合は、修理、交換、返品など対処の提案をして、お客さまの希
  望を聞く。修理、交換、返品などの対応のときこそ、お客さまの気持ちを
  察して行動する。
- サービススタッフへのクレームや不満は、
  ➡ 本人が謝罪する。
  ➡ 本人に代わって上司が謝罪する。
  ➡ お詫びのサービスを提供したり、無料券、招待券、プレミアムなどを
  　お渡ししたりする。
- 電話でクレームを受けた場合の対応は、その場の謝罪の他に、
  ➡ お詫びに訪問する。
  ➡ お詫びの文書を送る。

一問一答

解答は 207 ページ

レストランのスタッフが、お客さまからクレームを言われたときの対応について、適当と思うものに○、不適当と思うものに×をつけなさい。

☐ **1** 今後このようなことがないよう、朝礼で注意すると言って、教えてもらったことに礼を言う。

☐ **2** すぐに注意するので、担当した者の名前だけでも教えてほしいとお願いする。

☐ **3** 今後このようなことがないよう、スタッフ全員で注意するので、気を悪くしないようにお願いする。

☐ **4** 担当者からもわびを入れ、すぐに店長を呼んできて、お客さまから言われたことを伝えて店長に対応をお願いする。

☐ **5** クレームには原因があるのだから、クレームを聞きながらも原因を考えて反省する。

☐ **6** クレームを言われたときは、お客さま側に原因があっても、謝ることに徹する。

☐ **7** お客さまがかなり感情的になっているときは、時間をおいてから再度話してほしいとお願いする。

☐ **8** 勘違いでクレームを言うお客さまもいるが、その場合でも言われたクレームに対しては謝る。

☐ **9** 責任者を呼ぶように言われたら、責任者ではなく、直接自分に言ってほしいとお願いする。

☐ **10** クレームの応対は丁寧さというより、迅速な対応を心がける必要があるので、他のお客さまにはその間は応対しない。

第5章 実務技能

問題処理（2）：クレーム対応2

前回に引き続き、クレームの対応方法について学びます。
目先の対応法だけでなく、
再発防止などの観点からも見直しが必要です。

クレームの対応2

❹ お礼を丁寧に伝える
- お客さまに謝罪と提案を受け入れていただいたお礼を伝える。
  - ➡「ご指摘いただきありがとうございます」
  - ➡「今後このようなことのないように十分気をつけます」
- 言葉と態度で、気持ちを伝えることが大切。

❺ 内部の課題として、今後に役立てる
- スタッフの対応の場合
  - ➡ 担当したスタッフと話をし、直属の上司とともに、再発防止について話し合う。
  - ➡ その後、店の全員で共有する。

提案・改善

　起こってしまった問題を二度と発生させないためには、目先の対処だけではなく、過去の問題と共通する原因がないか考えてみます。

　基本的なシステムに原因があったり、同じようなトラブルが繰り返されたりする場合は、提案・改善活動を長期にわたり行う必要があります。日ごろからの取り組みが大切なのです。

　また、問題が起こった場で行った対応は、社内で共有し、全員で防止について考えることが求められます。

一問一答

解答は208ページ

大型電気店のスタッフが、お客さまからクレームを言われたときの対応として、適当と思うものに○、不適当と思うものに×をつけなさい。

☐ **1** 不愉快な思いをさせて申し訳なかった。今後注意するので今回は許してもらいたいと言う。

☐ **2** 二度とこのようなことがないように注意すると言って、これに懲りずにまた来店してほしいと頼む。

☐ **3** 皆に注意するので、どのような応対だったか詳しく教えてもらいたいと言う。

☐ **4** どの者が応対したのかすぐに探すので、名札の名前を覚えていないかと尋ねる。

☐ **5** すぐに店長を呼んでお客さまから言われたことを伝え、店長にもあらためて謝ってもらう。

☐ **6** お客さまは自分の都合だけで無理を言うことがあるが、そうと分かっても一応は受けて、責任者と相談する。

☐ **7** お客さまのクレームの内容が分かるまでは、容易に謝らないことが店の信用につながる。

☐ **8** クレームを言っているが、あまり怒っていない場合は、言葉でわびることだけで解決することが多い。

☐ **9** クレームを強い調子で言うお客さまがいるが、そのようなお客さまには、今日はたまたまと割り切る意識をもって対応する。

☐ **10** お客さまの中にはクレームを言う人もいるが、そのようなお客さまこそ大切と考える。

第5章

実務技能

問題処理（3）：
問題処理法と非常事態

ここではそもそも問題を起こさないためにどうすればよいか、
問題を処理するにあたってのポイントと、
非常事態の心構えを学びます。

問題を円滑に処理する

❶ 問題が発生しないためにできること

- 基本的な確認作業を怠らない。
- 最終確認をすることで、お客さまと店（会社）との食い違いをなくす。
- 以前起こった問題をよく検討して、再発防止に努める。
- 店の情報の取り扱いに注意する。
- サービス（商品）の欠陥等がでた場合は、代替品を提供して、補償をする。
- お客さまの間違いであっても、説明の努力をする。

❷ 問題処理のポイント

- 金銭にかかわる問題は事実関係を把握して対策をとる。責任者のフォローが必要な場合もある。
- 配送日時にかかわる問題は、謝罪とその後の問題解決の提示をする。たとえばすぐに配達できる日時を伝え、お客さまの希望を伺う。
- 忘れ物にかかわる問題の処理は、お客さまから問い合わせがあったらすぐに対応できるように、忘れ物のあった日時や具体的な場所を記録しておく。
- 言葉遣いなど従業員の態度にかかわる問題は、店の対応として責任者が対応し、原因を探るとともに従業員に対しての指導を行う。
- 契約違反など違約に関する内容は、責任者と対応者からの謝罪と対応が必要である。

非常事態の場合

非常事態に対処するには、日頃から避難訓練などをして準備をしておくことが大切です。また、いざというときに現場のサービススタッフとしてお客さまを誘導する際は、落ち着いた行動が求められます。

この時の対応次第で、お客さまへの印象がずいぶん変わります。

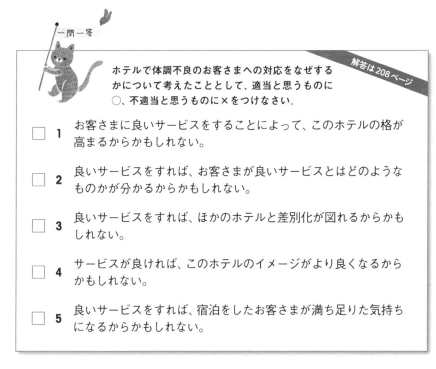

一問一答

ホテルで体調不良のお客さまへの対応をなぜするかについて考えたこととして、適当と思うものに○、不適当と思うものに×をつけなさい。

解答は208ページ

☐ **1** お客さまに良いサービスをすることによって、このホテルの格が高まるからかもしれない。

☐ **2** 良いサービスをすれば、お客さまが良いサービスとはどのようなものかが分かるからかもしれない。

☐ **3** 良いサービスをすれば、ほかのホテルと差別化が図れるからかもしれない。

☐ **4** サービスが良ければ、このホテルのイメージがより良くなるからかもしれない。

☐ **5** 良いサービスをすれば、宿泊をしたお客さまが満ち足りた気持ちになるからかもしれない。

第5章 実務技能

環境整備（1）

お客さまをお迎えするためには、環境を整えておくことも必要です。
ここではお客さまが快適に過ごすための
ポイントを学習しましょう。

環境整備と気配り

　お客さまに快適と思っていただける空間をつくるためには、お客さまの視線で確認することと、スタッフ全員で常に気を配ることが求められます。

快適な環境を作り出す

- 入口のマットなどは汚れておらず、きれいか。
- 駐車場にごみなどは落ちていないか。
- ウインドーやディスプレイのガラスは、磨かれていてきれいか。
- 床、机、いすの隅にほこりはないか。
- 温度、湿度はこまめに調整されていて快適か。
- 緑（植物）、BGM、色、照明などで、気持ちのリラックス効果や集中効果を考えているか。
- ポスターや案内ツールは破れていたり、古くなったりしていないか。

雨の日の対応

雨の日に来店のお客さまには特別の配慮が必要です。

- 傘の収納場所（設備）はきちんとあるか。
- 傘カバーを用意しているか。
- 雨天用の床マットを用意しているか。
- レインコートなどをかけるところがあるか。
- 強い雨風のときに入口から雨が吹き込まないか。
- お客さまのためのタオルは準備してあるか。
- お客さまの傘の取り間違いがないように配慮する。

一問一答

スーパーマーケットのスタッフが、店内の環境整備として気を配っていることとして、適当と思うものに〇、不適当と思われるものには×をつけなさい。

解答は208ページ

☐ **1** お客さまが目にとめて立ち止まる位置には、お客さまに安らいでもらうために芳香剤を置いている。

☐ **2** ウインドーや棚などのガラスの汚れに注意し、目につくものはガラス専用の洗剤を使ってふいている。

☐ **3** お客さまと接客したあとは、片づけなどにも気を配らなければならない。

☐ **4** 観葉植物の葉は、ほこりがついても気づかないことが多いから、気をつけていないといけない。

☐ **5** お帰りになったお客さまがご覧になったパンフレットなどがそのままになっているかもしれないので気にしないといけない。

☐ **6** 雨の日は、ぬれた手をふけるように、傘立てのそばにペーパータオルを置いている。

☐ **7** レジのそばに、会計をするお客さまが手荷物を載せられるような小さな台を置いている。

☐ **8** お客さまがよく手に取る商品はこまめにチェックしてそろえ直している。

☐ **9** 商品はお客さまが気軽に手に取れるように、置き方が少し乱れていてもそのままにしている。

☐ **10** 商品の陳列の乱れは毎日閉店後にチェックしているので、開店前にはする必要はない。

第5章

実務技能

環境整備(2)

環境整備で次に考えることは、
レイアウトや動線についてです。
動きやすい環境が購買意欲にもつながります。

快適なレイアウト、動きやすい動線

　環境整備で次に考えることは、レイアウトや動線についてです。快適さが購買意欲にもつながりますので、入口から出口まで、お客さまが自然に動きやすいかを確認します。

- お客さまが自然に行動できる動線を作る。
- お客さまから見えない事務所や控え室も清潔で、動きやすい動線で働きやすい環境を作る。
- 掲示物で環境を作る。
  〈掲示物の例〉来店のお礼、休日のお知らせ、駐車場利用客へのご案内、販売促進のご案内
- 備品にも気を配る
  例えば、お客さまが使用しているテーブルの脚のネジが調整されていなくて、ガタガタする場合はお客さまが帰るのを待ち、次のお客さまを案内する前にネジを調整する。

掃除のチェックポイント

チェックリストを作成し、常に清掃が行き届くようにしましょう。

- 入口
- のぼりやポスター
- 棚(ほこりや汚れ)
- ショーウインドーのガラス(曇りや汚れ)
- ディスプレイ

一問一答

量販店のスタッフが、店内の環境について行って いることとして、適当と思うものに○、不適当と 思うものに×をつけなさい。

解答は209ページ

□ **1** 店内の床に注意し、お客さまが靴底で擦ってできるちょっとした 汚れも、こまめにふき取っている。

□ **2** お客さまが店内にいないときを見計らって、一日に数回、陳列品 などに羽根ばたきをかけている。

□ **3** 観葉植物の葉はぬらした布などでふき、店内を生き生きした感じ やさわやかな雰囲気にするようにしている。

□ **4** 軽快な感じのBGMを、お客さまの邪魔にならない程度の音量に して流している。

□ **5** 陳列棚などのガラスの汚れをすぐにふけるように、クリーナーと タオルを棚の隅に置いている。

□ **6** 店への入口のマットを常にきれいにしておけば、駐車場の清掃は 週1回でよい。

□ **7** 店内の快適さは温度だけでなく、湿度も関係するので、雨の日は 特に注意している。

□ **8** 夕方に店外の照明をつける時間は決めている。

□ **9** 雨の日の傘カバーはいつ雨が降ってもよいように、常時置くよう にしている。

□ **10** 子ども用のカートは、言われたら出すようにして、お客さまから見 えないところに置いている。

第5章 実務技能

183

金品管理

金銭や商品の受渡しは、
正確かつ迅速で丁寧な対応が求められます。
事務的ではない接遇を心がけましょう。

金品管理

代金受け取りのステップは次の通りです。

❶ 請求金額を確認し、伝える。
❷ 受取代金を確認して受け取る。
❸ お釣りの金額を確認し、渡す。
❹ レシート、領収書を渡す。

また、現金を介さずやりとりする仕組み、たとえばクレジットカード、電子決済、プリペイドカード、銀行・郵便振り込みなども増えています。

サービス担当者として、以下の用語も覚えておきましょう。

POS レジスター （ポス）	売れた商品や売上金額などを自動的に記録して、本社などに送信するシステム。
夜間金庫	銀行にあり、閉店後の売上金を預ける場合に使用する金庫。
金種 （きんしゅ）	1万円、5千円、千円などの、お金の種類のこと。
帯封 （おびふう）	お札を束ねるテープ状（帯状）の紙のこと。

金銭授受問題の防止

お客さまとのやり取りは、最後の金銭の扱いまで、正確に丁寧に行います。次の点に気をつけ、問題が起こらないようにします。

● 受け取りの際、お客様に紙幣や貨幣を見せながら「1万円お預かりいたします」ときちんと声に出して言う。
✖ 1万円からお預かりいたします。

- 釣り銭を渡し終えるまでは、預かったお金をレジにしまわない。
- お釣りがある場合は、「5千円のお返しでございます。お確かめください」などとはっきり言いながら、紙幣や貨幣を見せて渡す。

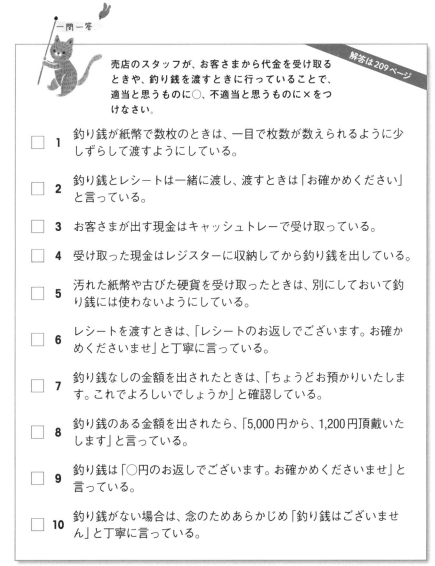

一問一答

売店のスタッフが、お客さまから代金を受け取るときや、釣り銭を渡すときに行っていることで、適当と思うものに○、不適当と思うものに×をつけなさい。

解答は209ページ

☐ **1** 釣り銭が紙幣で数枚のときは、一目で枚数が数えられるように少しずらして渡すようにしている。

☐ **2** 釣り銭とレシートは一緒に渡し、渡すときは「お確かめください」と言っている。

☐ **3** お客さまが出す現金はキャッシュトレーで受け取っている。

☐ **4** 受け取った現金はレジスターに収納してから釣り銭を出している。

☐ **5** 汚れた紙幣や古びた硬貨を受け取ったときは、別にしておいて釣り銭には使わないようにしている。

☐ **6** レシートを渡すときは、「レシートのお返しでございます。お確かめくださいませ」と丁寧に言っている。

☐ **7** 釣り銭なしの金額を出されたときは、「ちょうどお預かりいたします。これでよろしいでしょうか」と確認している。

☐ **8** 釣り銭のある金額を出されたら、「5,000円から、1,200円頂戴いたします」と言っている。

☐ **9** 釣り銭は「○円のお返しでございます。お確かめくださいませ」と言っている。

☐ **10** 釣り銭がない場合は、念のためあらかじめ「釣り銭はございません」と丁寧に言っている。

第5章 実務技能

商品管理

商品管理の知識を正しくもつことも、
サービススタッフには大切なことです。

商品管理

商品管理の基本となることは、下記の 2 点です。

- 数量を正確に管理する。
- 品質を厳密に管理する。

商品輸送

商品の納品や輸送に関しては、まず包装・梱包が大切になります。

- ラッピングは商品を傷めず、魅力を生かすことが大切。
- 魅力的に見せながらも、過剰包装にならないようにすること。

輸送の方法やシステムは、サービス産業に大きな影響を与えています。下記のことを覚えておきましょう。

- 宅配業の拡大により、サービスが進展した。
- 輸送システムの改善によって、全国に翌日または翌々日には到着する。

商品管理

たとえばお客さまにお買い上げになったバッグの目立たないところに、小さな傷があった場合は、どのようにするか尋ねるようにします。

- 細かい傷は気にならないからそのままでよいというお客さまには、値引きをさせてもらうことを申し出る。
- 交換を希望するお客さまには、在庫があれば交換し、なければ別の品にしていただくことはできないかお願いしてみる。
- 急いでいないお客さまには、傷を分からないように修繕するので待ってもらえるか尋ねる。

ケーキ屋のスタッフが、品切れに対して気をつけていることとして、適当と思うものに○、不適当と思うものに×をつけなさい。

解答は209ページ

☐ **1** 売り切れの場合に備えて、メニューに「多めに用意はしていますが、品切れになった場合はご容赦ください」と載せておく。

☐ **2** ケーキ目当てでご来店のお客さまのために、店内に「品切れの場合もあります」と掲示をしておく。

☐ **3** 入店のお客さまには、席に案内する前に注文を確かめるようにする。

☐ **4** 品切れの場合は、あきらめてくれるようにお願いする。

☐ **5** ケーキ目当てのお客さまが多いのだから、品切れになったら、店先に品切れと表示する。

量販店のスタッフの対応として、適当と思うものに○、不適当と思うものに×をつけなさい。

解答は209ページ

☐ **6** 棚卸しのとき、帳簿と実際の数が合わないときは、実際の数に合わせればよく、原因は調べなくてよい。

☐ **7** お客さまが手にしていたため、箱が汚れたが、購入の際に取り替えればよいのでそのままにした。

☐ **8** お客さまが商品を配送してほしいと言ったので、壊れるものは持って帰ったほうがよいと言った。

☐ **9** 先ほど購入した商品について少し説明を聞きたいと言われたので、お客さまサービスセンターに電話してほしいと言った。

☐ **10** この商品を購入した際にポイントがどれだけついたか分からないというお客さまに、「レシートに記載がございます」と言って対応した。

Lesson ⑤ - 13

社交業務（1）

サービス業では、慶事や弔事に関する知識を理解したうえで、
お客さま対応をすることが求められます。
試験にはその実務能力を問う問題が出題されます。

慶事

ここでは慶事でよく使われる用語を紹介します。

◆ 建築の祝い事

地鎮祭 じちんさい	建築工事にとりかかる前に、土地の神に工事の無事故を祈る儀式。
上棟式 じょうとうしき	建物の骨組みができ、本格的な工事に入ることを祝う儀式。
起工式 きこうしき	大規模な工事を始める際に行う儀式。
落成式 らくせいしき	建物が無事完成したことに感謝し、祝う儀式。

◆ 賀寿（長寿の祝い）

賀寿とは長寿を祝うことで、年齢によって呼び名が決まっています。

種類	年齢	種類	年齢	種類	年齢
還暦 かんれき	満60歳	傘寿 さんじゅ	80歳	白寿 はくじゅ	99歳
古希 こき	70歳	米寿 べいじゅ	88歳	紀寿・百寿 きじゅ ももじゅ	100歳
喜寿 きじゅ	77歳	卒寿 そつじゅ	90歳		

◆ 六曜（ろくよう）

六曜とは、吉凶を定める基準となる日で、下記の6つから成り立っています。

種類	特徴
先勝 せんしょう／さきがち	午前が吉、午後が凶とされる。
先負 せんぷ／さきまけ	午前が凶、午後が吉とされる。

種類	特徴
しゃっこう／せきぐち 赤口	正午が吉、朝夕は凶とされる。
たいあん 大安	万事に吉。結婚式に選ばれる。
ぶつめつ 仏滅	万事に凶。結婚式は避けられることが多い。
ともびき 友引	「友を引く」という意味になるので葬式は避ける。朝夕は吉。

一問一答

下記の記述を読み、正しいものには○、誤っているものには×をつけなさい。

解答は210ページ

☐ **1** 地鎮祭は建築工事に取りかかる前に、神前で祈る儀式のことである。

☐ **2** 起工式は大規模な工事の終わりに行う儀式のことである。

☐ **3** 白寿は70歳のことである。

☐ **4** 喜寿は80歳のことである。

☐ **5** 「古希」の読み方は「ふるき」である。

☐ **6** 「米寿」の読み方は「べいじゅ」である。

☐ **7** 「還暦」の読み方は「かんれき」である。

☐ **8** 先勝は午前が凶、午後が吉とされる日のことである。

☐ **9** 赤口は正午が吉、朝夕は凶とされる日のことである。

☐ **10** 大安は万事に吉で、結婚式に選ばれることが多い。

☐ **11** 葬式を避けたほうがよいと考えられているのは「赤口」である。

☐ **12** 結婚式を避けたほうがよいと考えられているのは「仏滅」である。

第5章　実務技能

社交業務（2）

前節の慶事に続き、次は弔事に関する用語です。

お悔やみ事：葬儀に関する用語

焼香 （しょうこう）	仏式の儀式。死者の霊に香を手向ける。
玉串奉てん （たまぐしほう）	神式の儀式。榊の枝に紙片を付けた玉串を神前に捧げる。 根元を祭壇に向ける。
献花 （けんか）	キリスト教式の儀式。白の生花（カーネーション）を、花を手前に して献花台に捧げる。
通夜 （つや）	故人が家族と別れる最後の晩。親しい人が出席する。
葬儀 （そうぎ）	遺族・親族などが故人と別れを告げる儀式。この後、告別式。
告別式 （こくべつしき）	故人にゆかりのあった人が別れを告げる儀式。
密葬 （みっそう）	身内だけで内々に行う葬式のこと。
享年 （きょうねん）	死亡したときの年齢。
会葬（者） （かいそう）	葬儀に参列すること（参列する人のこと）。
喪主 （もしゅ）	葬儀を行う際の代表者、名義人。
弔問 （ちょうもん）	死者の霊にあいさつし、遺族にお悔やみを述べるために訪問す ること。
弔電 （ちょうでん）	訃報に対して打つ電報。喪主あてに送る。
不祝儀 （ぶしゅうぎ）	弔事のこと。またはそれに送る金品。
志 （こころざし）	不祝儀のお返しなどに使う上書き。
社葬 （しゃそう）	会社に功績が大きかった人が亡くなった場合に、会社主催で行 う葬儀。費用は会社負担。

葬儀委員長 （そうぎ いいんちょう）	社葬など、規模の大きな葬儀での代表者。
供物 （くもつ）	神仏に供えるもの。宗教によって異なる。仏式：お線香・果物・生花　神式：果物・酒・榊（さかき）　キリスト教：白の生花
布施 （ふせ）	葬儀や法事の際の僧侶へのお礼。
精進落とし （しょうじんおとし）	火葬の際行う慰労会。喪主が葬儀関係者に対するお礼の意味で行う接待。
年回忌 （ねんかいき）	仏式の行事。一回忌（一周忌）は満1年目。三回忌（三周忌）は満2年。七回忌（七周忌）は満6年。十三回忌（十三周忌）は満12年。
喪中（服喪） （もちゅう ふくも）	死者の家族がある期間（一年間）喪に服し、派手な振る舞いは慎むこと。

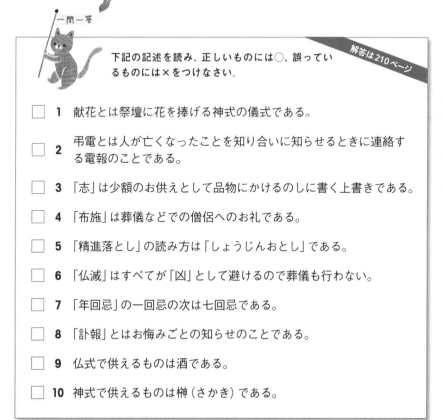

一問一答

下記の記述を読み、正しいものには○、誤っているものには×をつけなさい。

解答は210ページ

- [ ] **1** 献花とは祭壇に花を捧げる神式の儀式である。

- [ ] **2** 弔電とは人が亡くなったことを知り合いに知らせるときに連絡する電報のことである。

- [ ] **3** 「志」は少額のお供えとして品物にかけるのしに書く上書きである。

- [ ] **4** 「布施」は葬儀などでの僧侶へのお礼である。

- [ ] **5** 「精進落とし」の読み方は「しょうじんおとし」である。

- [ ] **6** 「仏滅」はすべてが「凶」として避けるので葬儀も行わない。

- [ ] **7** 「年回忌」の一回忌の次は七回忌である。

- [ ] **8** 「訃報」とはお悔みごとの知らせのことである。

- [ ] **9** 仏式で供えるものは酒である。

- [ ] **10** 神式で供えるものは榊（さかき）である。

社交業務（3）：服装のマナー

お客さまから結婚式やパーティーの服装についても
お問い合わせがあります。
そこで知っておきたいマナーを覚えておきましょう。

服装のマナー

◆ 慶事の服装

	午前及び昼間	午後（日没）や夜間	その他
男性	モーニング	燕尾服・タキシード	**略式は略礼服や黒めのダークスーツ（平服ともいう）。** ※略礼服にはブラックスーツを含む
女性	アフタヌーンドレス	イブニングドレス	**和装の場合、振袖や留袖が正式。訪問着は略式。**

◆ 弔事の服装

	通夜（喪服でなくてよい）	葬儀や告別式
男性	ダークスーツ	**正式：モーニング** **略式：略礼服や黒めのダークスーツ**
女性	地味な色のワンピースやスーツ	喪服（黒のワンピースやスーツ）
	厚化粧、アクセサリー、派手な色のマニキュアは避ける。結婚指輪や一連の真珠のネックレスはよい。バックや靴も黒。	

※ここに出てくる服装は、214ページを参照のこと。

一問一答

下記の記述を読み、正しいものには○、誤っているものには×をつけなさい。

解答は210ページ

☐ 1 慶事の昼間の正装はタキシードである。

☐ 2 女性の慶事の夜の正装はイブニングドレスである。

☐ 3 女性の喪服の際に身につけるアクセサリーは2つまでである。

☐ 4 結婚式の招待状に「平服で」と記載があったので、ジーンズで行った。

☐ 5 通夜に行く場合は、ノーメークで行くのがよい。

☐ 6 仕事帰りに通夜に参列したので、ダークスーツを着ていった。

☐ 7 数珠を持っていないので葬儀には行ったが、霊前のお参りは避けた。

☐ 8 男性の慶事の服装の略式は、略礼服や黒めのダークスーツである。

☐ 9 女性の告別式に参列する服装は、喪服といわれるワンピースやスーツが望ましい。

☐ 10 女性の場合、結婚指輪と一連の真珠なら通夜・告別式につけてもかまわない。

☐ 11 女性の場合、通夜・告別式に参列するときエナメルの靴やバックを持つ方が格式が高い。

第5章 実務技能

社交業務（4）：
現金の包み方、水引のかけ方

ここでは現金の包み方と水引の決まりについて学びます。
目的により包み方や水引が異なるので
区別して覚えておきましょう。

現金の包み方

現金の包み方の基本手順は次の通りです。

❶ 新札を半紙で中包みをする。弔事では新札でないほうがよい地方もある。
❷ 中包みの表中央に金額、裏の左わきに住所・氏名を書く。
❸ 慶事のときは濃い墨、弔事のときは薄墨で書く。
❹ 中包みを奉書（上質な和紙）で上包みする。

◆ 慶事の場合

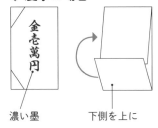

濃い墨　　　　　下側を上に

◆ 弔事の場合

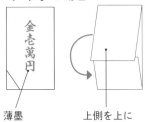

薄墨　　　　　上側を上に

水引の種類

　水引とは、祝儀袋などにかける紐のことで、蝶結びや結び切りなどの結び方があります。蝶結びは結び直せることから何度あってもよいことに、結び切りはほどけないことから一度きりのことに使われます。病気見舞いや災害見舞などには、水引、のしはつけません。

● 慶事用祝いは紅白や金銀の水引を用い、蝶結びにする（ただし結婚祝い用は結び切り）。
● 弔事用は白か白黒（白が左）、銀白（銀が左）の水引を1本取りで結び切る。

◆ 慶事の水引と上書きの例

結び切り
（結婚など）

蝶結び
（一般的な祝い事）

蝶結び

一問一答

下記の記述を読み、正しいものには○、誤っているものには×をつけなさい。

解答は211ページ

- [ ] **1** お祝い用の「祝儀袋」には「のし」がついている。
- [ ] **2** 慶事用祝いは紅白や金銀の水引を用いる。
- [ ] **3** 蝶結びは一度きりの意味で結婚祝い用に用いる。
- [ ] **4** 病気見舞いは、快復を祈って紅白の水引を用いる。
- [ ] **5** 弔事用の水引は白か、白黒（白が左）、銀白（銀が左）を用いる。
- [ ] **6** 不祝儀袋には、新札を半紙で中包みをする。
- [ ] **7** 中包みの表中央に金額、裏の左わきに住所・氏名を書く。
- [ ] **8** 慶事のときは薄墨、弔事のときは濃い墨で書く。
- [ ] **9** 中包みには氏名や金額の記載はしない。
- [ ] **10** 祝儀袋は包む金額に関係なく豪華なほうが格式が高い。

第5章

実務技能

社交業務（5）：
上書きと水引1

上書きとは、書状や箱などの表面に文字を書くこと、
またその文字のことをいいます。
水引は祝儀袋などにかける紐のことです。

上書きと水引1

　祝儀・不祝儀袋には、「御祝」や「御霊前」などの決まった言葉を記し（上書き）、下に贈り主の氏名を書きます。上書きは表書きともいいます。

◆ 慶事の上書きと水引

目的	上書き	水引
結婚	寿・御祝・祝御結婚	紅白・結び切り
出産	寿・御祝・御出産御祝	紅白 蝶結び
賀寿	寿・御祝・古希御祝・祝米寿	
一般の祝い事	御祝	
新築	御祝・祝御新築	
本人からのお返し	内祝・○○内祝	
上棟式	上棟祝・祝御上棟	
落成式	落成祝・祝御落成	

◆ 弔事の上書きと水引

目的	上書き	水引
仏式の葬儀・告別式・法要	御霊前・御仏前・御香料・御香典	結び切り
神式の葬儀・告別式・法要	御霊前・御神前・御玉串料・御榊料	結び切り
キリスト教式の葬式	御霊前・御花料・御花輪料	なし
カトリックの場合	御ミサ料	なし

目的	上書き	水引
香典返し（仏式・神式）	志・忌明（きあけ）	結び切り
葬儀や法事でのお寺や僧侶へのお礼	御布施	結び切り

◆ 弔事の水引と上書きの例

結び切り　　　　　　結び切り　　　　　　水引なし

葬儀や見舞いに行くときの上書きと水引の組み合わせとして、正しいものには○、誤っているものには×をつけなさい。

解答は211ページ

☐ **1** 御香典 ─ 蝶結び

☐ **2** 御霊前 ─ 結び切り

☐ **3** 志 ─ 蝶結び

☐ **4** 御布施 ─ 蝶結び

☐ **5** 御ミサ料 ─ 結び切り

☐ **6** 内祝 ─ 蝶結び

☐ **7** 古希御祝 ─ 結び切り

☐ **8** 御出産御祝 ─ 結び切り

仏式の葬儀・法要に行く場合、上書きとしてふさわしいものには○、誤っているものには×をつけなさい。

解答は211ページ

☐ **9** 陣中御見舞

☐ **10** 御霊前

☐ **11** 御餞別

☐ **12** 薄謝

☐ **13** 快気祝

☐ **14** 御仏前

☐ **15** 御香料

☐ **16** 御香典

第5章

実務技能

社交業務（6）：上書きと水引2

上書きと水引の2回目は、
お見舞いと季節の贈答の際の上書きと水引について学びます。

上書きと水引2

◆ お見舞い

目的	上書き	水引
病気やけが	御見舞・祈御全快	水引なしで上書きだけ・白封筒
見舞いの返し	内祝・快気祝・全快祝・快気内祝	結び切り
災害や火災見舞い	御見舞・災害御見舞・水害御見舞 類焼御見舞（よそからの火で自分の家が被災した人に） 近火御見舞（近所の火事で迷惑を受けた人に） 出火御見舞（火事を出した人に）	水引なしで上書きだけ・白封筒
励ましの見舞い（合宿所や大会（社外）に差し入れ）	陣中御見舞	蝶結び
選挙事務所に	陣中御見舞・祈御当選	
習い事の発表会	楽屋御見舞	
社内に差し入れ	祈○○（祈必勝など）	

◆ 季節の贈答

時期	上書き	水引
7月初めから15日まで（地域によって違う）	御中元	蝶結び
7月15日過ぎから立秋（8月7・8日あたり）まで	暑中御見舞	

時期	上書き	水引
立秋過ぎ（8月中まで）	残暑御見舞	
12月1日から12月20日まで	御歳暮	
1月1日から1月6日まで	御年賀・御年始・賀正	蝶結び
年賀の時期を過ぎてから、立春（2月4日あたり）まで	寒中御見舞	

◆ お見舞い・お見舞いのお返し・季節の贈答の水引と上書きの例

水引なし

結び切り

蝶結び

一問一答

入院中にお見舞いをいただいた人にお礼の品を贈りたい場合、上書きとしてふさわしいものには○、誤っているものには×をつけなさい。

解答は212ページ

- [ ] **1** 御礼
- [ ] **2** 祈御全快
- [ ] **3** 御布施
- [ ] **4** 内祝
- [ ] **5** 快気内祝
- [ ] **6** 謝礼

一問一答

入院中にお見舞いをいただいた人にお礼の品を贈りたい場合、上書きと水引の組み合わせとして、正しいものには○、誤っているものには×をつけなさい。

解答は212ページ

- [ ] **7** 快気祝 ― 結び切り
- [ ] **8** 病気全快 ― 花結び
- [ ] **9** 内祝 ― 結び切り
- [ ] **10** 全快祝 ― 結び切り
- [ ] **11** 御祝 ― 蝶結び
- [ ] **12** 祈必勝 ― 蝶結び

第5章　実務技能

社交業務（7）：
上書きと水引3

最後に日常的に使用される贈答品の
上書きと水引について学びます。

上書きと水引3

◆ 日常の贈答

目的	上書き	水引
転勤・栄転	御餞別・栄転御祝・祝御栄転	
退職・送別会	御餞別	
一般の謝礼	御礼・薄謝・謝礼	
祝儀・不祝儀を問わず目下の人への謝礼	寸志	
他家を訪問するとき	粗品	
地域の祭礼の寄付	御祝儀・御奉納	蝶結び
交通費という名目で支払う謝礼	御車代	
転勤・送別・パーティー	記念品	
物（本など）を贈る	贈呈・謹呈	
母校に寄付品	寄贈	
社内旅行などへの差し入れ	御酒肴料	
賞金や寄付金などで「金額」を明示しないとき	金一封	

一問一答

入院中お見舞いをもらった人に、退院したのでお返しをする場合、正しいものには〇、誤っているものには×をつけなさい。

解答は212ページ

☐ 1 のし紙に書くお返しをする人の名前は、入院していた人の名前である。

☐ 2 お返しの品は持参するのが礼儀だが、送っても失礼になることはない。

☐ 3 お返しの品を送る場合は、別にあいさつ状を送った方がよい。

☐ 4 お返しはこれと決まった品はないが、実用品を贈ることが多い。

☐ 5 お返しの品に書く上書きは、「快気御祝」である。

一問一答

贈りものするときとお返しをするときの上書きの組み合わせについて、正しいものには〇、誤っているものには×をつけなさい。

解答は212ページ

☐ 6 「御祝」 — 「御返礼」

☐ 7 「御祝」 — 「内祝」

☐ 8 「寸志」 — 「御餞別」

☐ 9 「寿」 — 「内祝」

☐ 10 「栄転御祝」 — 「謝礼」

第5章 実務技能

第 ⑤ 章　章末問題 3級

実務技能

❶ 次はブックストアのスタッフ大井雄大が、店内の環境整備として気を配っていることである。中から<u>不適当</u>と思われるものを一つ選びなさい。

1) 毎回開店前には、書籍の並びをチェックしながら、はたきで見えないほこりを払っている。

2) 平らに積んである書籍は、お客さまが手にしてずらしたら、すぐに直しに行くようにしている。

3) 絵本コーナーに子供が自由に使える低いテーブルや椅子を置き、定期的に整えている。

4) 話題の書籍は店の出入り口近くに並べて、人目を引くポップで宣伝するようにしている。

5) 会計をするお客さまが手荷物を載せられるように、レジのそばに小さな台を置いている。

❷ 映画館に勤務している田宮航太郎はお客さまから、座席の上に置いてあったと、他のお客さまが忘れたと思われる紙袋を渡された。次は田宮が、忘れたお客さまから問い合わせがあったときに、忘れ物に間違いがないか確かめるためにメモしたことである。中から<u>不適当</u>と思われるものを一つ選びなさい。

1) 知らせてくれた人の名前

2) 忘れ物を受け取った日時

3) 紙袋に印刷されている店名

4) 上映していた映画

5) 忘れ物があった座席番号

❸ ギフトショップのスタッフ渡辺うさは後輩に、金品の管理や取り
扱いについて次のような指導をした。中から<u>不適当</u>と思われるも
のを一つ選びなさい。

1) お客さまから代金やカードを預かりレジに持っていくときは、トレーに載せ
て両手で持つようにすること。

2) ギフト用に包んでもらいたいと言われたときは、様子が分かるようにお客さ
まから見える所で包装すること。

3) お客さまからの依頼で取り寄せた品は、お客さまと一緒に確認した方がよい
ので、それまでは荷物を開けないで保管しておくこと。

4) 財布などの革製品を扱うときは、手袋をして指紋などの汚れが付かないよう
に気を付けること。

5) 祝い品として配送してもらいたいと言われたら、包装やのし紙はどのように
するかを確認すること。

❹ キッチン用品売り場のスタッフ宇多田潤は、お客さまから、「結
婚する職場の人へのお祝いの品なので、のし紙を付けてほしい」
と言われた。次は宇多田が書いたのし紙の上書きである。中か
ら適当と思われるものを一つ選びなさい。

1) 「祝御慶事」

2) 「喜寿御祝」

3) 「内祝」

4) 「賀寿祝」

5) 「御結婚御祝」

実務技能

❶ 貸会議室担当の桜田美佐子はお客さまから、机の配置が依頼した形と違うようだと言われた。配置の仕方は事前にファクスで依頼された通りにしており、今からの変更では人手が足りず会議開始に間に合いそうにない。このような場合桜田は、お客さまに指示通りであることを伝えた後、どのように対応するのがよいか。次の中から<u>不適当</u>と思われるものを一つ選びなさい。

1) スタッフだけでは変更が間に合わないので、申し訳ないが手伝ってもらえないかとお願いし手伝ってもらう。

2) 他の空いている部屋を直せば開始時間に間に合わせることはできるので、別の部屋になってもよいかと尋ねる。

3) お客さまから事前にファクスでもらった形にしているのだから、このままで何とかしてもらえないかとお願いする。

4) これからでは会議の開始時間に間に合わないが、それでも直した方がよいかと尋ねて指示を仰ぐ。

5) 開始時間を少し遅らせてもらえれば変更することもできると話して、会議の開始時間の変更をお願いする。

❷ 石橋夕実が勤務するホテルで改装工事があり、最初に水を使うとき濁った水が出る可能性がある。そこで、客室の水を使用する際にはしばらく流水してからにしてほしいということをどのようにお客さまに知らせたらよいか話し合った。次はそのときにでた案である。中から<u>不適当</u>と思われるものを一つ選びなさい。

1) 客室の洗面室のドアに提示して、洗面室を利用するとき目に留まるようにするのがよいのではないか。

2) 来館するお客さま全員に知らせることが必要だから、ホテルの入り口にのぼりを立てて知らせるのがよいのではないか。

3) フロントカウンターにパネルを用意しておいて、お客さまがチェックインのときに指し示しながら伝えるのがよいのではないか。

4) エレベーター内の壁に掲示して、乗ったお客さまの目に触れるようにするのがよいのではないか。

5) チラシを作成しておき、部屋の案内をするときフロントで鍵と一緒に渡すのがよいのではないか。

❸ 紳士服店勤務の植田真悟はスーツを手にしたお客さまから、今持ち合わせが少し足りないので消費税分だけまけてもらえないかと言われた。植田の店では値引きはしないことになっている。このような場合、植田はお客さまにどのような対応をすればよいか。次の中から不適当と思われるものを一つ選びなさい。

1) 来週新作のスーツも入る。持ち合わせがないなら今日は縁がないのかもしれないので来週にしてみてはどうかと言う。

2) クレジットカードも使えるので、足りない分だけカードで支払うこともできるがそれではどうかと尋ねる。

3) 値引きしないことになっているので自分の一存では決められない。店長に確認してみるので少し待てるかと尋ねる。

4) うちの店では値引きをしていないので、悪いが足りない分は明日の来店をお願いしたいと言う。

5) 1週間程度なら商品を取り置くことができるので、都合をつけて改めて来てもらえないかと言う。

❹ デパートの贈答品売り場に勤務の吉田玲弥は、お客さまから「友人の新築祝いに贈り物をしたい」と相談された。次は、そのお客さまの質問に吉田が順に答えたことである。中から不適当と思われるものを一つ選びなさい。

1) 客：のし紙の上書きは「御祝」でよいか。
「御祝」ならさまざまな祝い事に通用するので問題ない。

2) 客：夫婦連名で贈りたいが、どう書けばよいか。
ご主人さまの名前を右に、奥さまの名前を左に書けば問題ない。

3) 客：新築祝いの品はどのようなものがお薦めか。
定番は実用品だが、相手が自由に選べるカタログギフトにする人も増えている。

4) 客：「御祝」のほかにどんな上書きがあるか。
贈る目的を分かりやすく記すのなら「御上棟祝」などがある。

5) 客：のし紙はどういうものを選べばよいか。
新築は何度繰り返してもいいことなので「蝶結び」のものになる。

解答・解説

Lesson ⑤-1　サービス業務の基本手順（1）

1	○	
2	○	
3	○	
4	○	
5	○	
6	○	
7	○	お客さまの要望を聞く。
8	✕	念を押して待ってもらうことではない。
9	✕	飲み物の注文によって決めることはしない。

Lesson ⑤-2　サービス業務の基本手順（2）

1	○	
2	✕	前もって飲み物を出すことはしない。
3	✕	予約時に聞くことではない。
4	○	
5	✕	参加者の人数は確認する必要があるが、幹事の人数は関係ないので聞かなくてよい。
6	○	
7	○	
8	○	
9	○	
10	○	
11	✕	席は店が準備するが、座る席はお客さまが決める。
12	✕	予約の際に聞くようなことではない。

Lesson ⑤-3　サービス業務の基本手順（3）

1	✕	「合計金額は1,540円でございます」が正しい。
2	✕	「5,000円お預かりいたします」が正しい（「から」は不要）。
3	✕	「かしこまりました」と言って対応する。「結構です」と断らない。
4	○	
5	✕	「こちらはレシートでございます」が正しい。
6	✕	「よろしかったでしょうか」ではなく「よろしいでしょうか」が正しい。
7	✕	「どのようにいたしますか」ではなく、「どのようになさいますか」が正しい。
8	✕	たとえこちらでは分からない場合も、そのことを直接的に言わない。「申し訳ございません、こちらでは分かりかねます」が丁寧な言い方。

9	○	サインの箇所はわかりやすいように示す。
10	✕	カードの控えは必ずお客さまにお渡しする。

Lesson ⑤-4　サービス業務の基本手順（4）

1	○	
2	○	スタッフがドアを開ける。
3	○	最後まで丁寧に見送る。
4	✕	お客さまを見送る際の声かけは、全員でする。
5	✕	手がすいていなくても、声を出してあいさつする。
6	○	
7	○	席が分かれば、どなたの物かを知る手がかりになる。
8	✕	片づけとお客さまへの応対の優先順位は決まっていない。片づけを後回しにしたほうがいいわけではない。
9	✕	片づけ中もあいさつはする。
10	✕	片づけは、次のお客さま応対につながるので、自分で担当していないお客さまの席も早く片づける。

Lesson ⑤-5　店舗以外での接客

1	○	
2	○	
3	○	
4	✕	要望にはできるだけ応える。次の約束がある場合は、その旨伝えて丁寧にわびる。
5	✕	個人情報の書類の持ち運びには常に気をつける。
6	✕	訪問する日にもう一度連絡を入れる。
7	✕	持参するほうが効果的である。
8	✕	分かった時点で、遅れることを連絡する。
9	✕	訪問時、コートは玄関の外で脱ぐ。
10	○	

Lesson ⑤-6　問題処理（1）：クレーム対応1

1	○	
2	✕	電話を受けた者が対応しなければならないので、担当した者の名前だけではなく、クレームの内容を尋ねる。
3	○	
4	○	
5	✕	クレーム対応の際は、まずは心より丁寧にわびることを優先する。

6	○	
7	✕	こちらからお願いすることではない。
8	○	
9	✕	お客さまの要望を聞く。
10	✕	他のお客さまをお待たせしないようにする。

Lesson ⑤ - 7　問題処理（2）：クレーム対応2

1	○	
2	○	
3	✕	ご連絡いただいたお客さまにまず応対することが大切で、皆に注意するのでという部分が不適当。
4	✕	どの者が応対したのかではなく、お客さまへの対応を考えることが大切。
5	○	
6	○	
7	✕	まずは謝罪し、その後お客さまの言い分や気持ちを聞く。
8	✕	心からわびることが大切で、それは言葉だけでなく、態度やおじぎ、表情からも読み取れる。
9	✕	お客さまのクレームはたまたまではない。応対がお店の信頼につながる。
10	○	

Lesson ⑤ - 8　問題処理（3）：問題処理法と非常事態

1	○	
2	✕	お客さまが、良いサービスとはどのようなものかが分かるかどうかは関係ない。
3	○	
4	○	
5	○	

Lesson ⑤ - 9　環境整備（1）

1	✕	芳香剤を置いても安らいだことにならない。スーパーマーケットの店内としては不適切。
2	○	
3	○	
4	○	
5	○	
6	○	
7	○	
8	○	
9	✕	置き方が乱れていたら直さなければいけない。

| 10 | ✕ | 開店前にもチェックする。 |

Lesson ⑤-10　環境整備 (2)

1	○	
2	○	
3	○	
4	○	
5	✕	お客さまから見えるところにクリーナーやタオルは置かない。
6	✕	入口のマットも駐車場も常にきれいにしておくことが必要。駐車場の清掃は週1回でよいということではなく、毎日行い、お客さまを迎えることが大切。
7	○	
8	✕	時間にこだわらず、季節や天気に応じて点灯する。
9	✕	雨が降ってきたら、用意すればよい。
10	✕	お客さまにすぐにお使いいただけるようにしておく。

Lesson ⑤-11　金品管理

1	○	
2	✕	釣り銭とレシートは一緒に渡さない。
3	○	
4	✕	受け取った現金は会計が終わるまでレジスターに収納しない。
5	○	
6	✕	「レシートのお返し」とは言わない。「レシートでございます」と言う。
7	✕	「ちょうどいただきます」が正しい。
8	✕	「5,000円お預かりいたします」と言う。
9	○	
10	✕	わざわざ言わなくてよい。

Lesson ⑤-12　商品管理

1	○	
2	○	
3	○	
4	✕	品切れの場合は、あきらめてくれるように話すのではなく、代わりの品でどうかと尋ねる。
5	○	
6	✕	原因を調べる必要がある。
7	✕	箱が汚れたら取り替える。
8	✕	お客さまの要望に応える。

第5章　実務技能

| 9 | ✕ | その場で応対する。 |
| 10 | ◯ | |

Lesson ⑤ - 13 社交業務（1）

1	◯	
2	✕	起工式は大規模な工事が始まるときにする儀式のことである。
3	✕	白寿は99歳のこと。70歳は古希。
4	✕	喜寿は77歳のこと。80歳は傘寿。
5	✕	古希は「こき」と読む。
6	◯	
7	◯	
8	✕	先勝は午前が吉、午後が凶とされる。
9	◯	
10	◯	
11	✕	葬式を避けるべきと考えられているのは、「友引」。
12	◯	

Lesson ⑤ - 14 社交業務（2）

1	✕	献花はキリスト教式の儀式である。
2	✕	弔電とは人が亡くなった際にお悔みを伝える電報のことである。
3	✕	「志」は香典返しの際にのしに書く上書きである。
4	◯	
5	◯	
6	✕	「仏滅」に葬儀は行う。
7	✕	「年回忌」の一回忌の次は三回忌である。
8	◯	
9	✕	仏式は焼香をする。
10	◯	

Lesson ⑤ - 15 社交業務（3）：服装のマナー

1	✕	慶事の昼間の正装はモーニング。
2	◯	
3	✕	数は決まっていないが、真珠や結婚指輪はつけてもよい。
4	✕	「平服」でもジーンズは不適当。
5	✕	通夜に行くときも、派手でなければ、メイクをしてもよい。
6	◯	

7	✗	数珠を持っていなくても、お参りしてよい。
8	○	
9	○	
10	○	
11	✗	弔事にエナメルは避ける。

Lesson ⑤ - 16　社交業務（4）：現金の包み方、水引のかけ方

1	○	
2	○	
3	✗	一度きりの意味で結婚祝い用は、結び切りの水引を用いる。
4	✗	病気見舞いは、水引なしの白封筒を用いる。
5	○	
6	✗	不祝儀袋には、新札を避ける。
7	○	
8	✗	慶事のときは濃い墨、弔事のときは薄墨で書く。
9	✗	中包みにも氏名や金額を記載する。
10	✗	祝儀袋は金額に合ったものにする。

Lesson ⑤ - 17　社交業務（5）：上書きと水引1

1	✗	「御香典」は弔事ごとで一度きりでよいので結び切り。
2	○	
3	✗	「志」は香典返しなので結び切り。
4	✗	「御布施」は弔事ごとで結び切り。
5	✗	「御ミサ料」はキリスト教で水引は必要ない。
6	○	
7	✗	「古希御祝」は蝶結び。
8	✗	「御出産御祝」は蝶結び。
9	✗	「陣中御見舞」は励ましの上書き。
10	○	
11	✗	「御餞別」は会社をやめたり、転勤する人に渡す際の上書き。
12	✗	「薄謝」は少しのお礼という意味の上書き。
13	✗	「快気祝」は病気の見舞いをいただいた際のお返しの上書き。
14	○	なお、葬儀の際は、四十九日の法要はすんでいないため、「ご仏前」は使用しないという慣習もある。
15	○	

16	○

Lesson ⑤ - 18　社交業務（6）：上書きと水引2

1	✕	
2	✕	
3	✕	
4	○	
5	○	
6	✕	
7	○	
8	✕	「病気全快」はお見舞いのお返しなので、花結びではなく、結び切りが正しい。なお、花結びは蝶結びとほぼ同じである。
9	○	
10	○	
11	✕	「御祝」の水引は蝶結びであるが、お見舞いのお返しではないので不適当。
12	✕	「祈必勝」の水引は蝶結びであるが、お見舞いのお返しではないので不適当。

Lesson ⑤ - 19　社交業務（7）：上書きと水引3

1	○	
2	○	
3	○	
4	○	
5	✕	「快気内祝」「内祝」「全快祝」が正しい。
6	✕	「御祝」のお返しのときは「内祝」。
7	○	
8	✕	お返しは特に必要ない。
9	○	
10	✕	お返しは特に必要ない。

章末問題　3級

❶	2	環境整備はお客さまに気持ちよく過ごしてもらうためにすることだから、書籍はそろえた方がよいが、お客さまが手にしてずらした書籍をすぐ直したら嫌みになる。気を配ったことにはならないので不適当。
❷	1	知らせてくれた人の名前は、忘れ物の確認に必要のないことなので不適当。
❸	3	荷物が到着したときにすぐ開けずお客さまと一緒に確認するのは、スタッフの仕事の仕方として不適当。

④ 5 結婚する人へ渡す祝いの品なので「御結婚御祝」が適当。

章末問題　2級

① 3 お客さまの要望に合わせるのは貸会議室の仕事。したがって、当初依頼された形と今の要望が違っていたら、今の要望に沿うのが仕事というもの。それを当初の形になっているのだからこのままでお願いしたいなどは、仕事をしていることにならず不適当。

② 2 ホテルにとって濁り水は事故だから確実に知らせないといけない。館内のことは館内の伝達手段が最も確実である。のぼりは屋外で一般的に広告などで使用するものだから、注意深く見ようとする意識が低い。したがって、のぼりを立てるのは不適当ということになる。

③ 1 お客さまはスーツを買いたいのに持ち合わせが足りてないと言っている。スタッフとしては方法を講じて買ってもらえるようにするのが仕事。それを来週新作が入る、今日は縁がないなどと言っていてはお客さまが逃げてしまうので、対応として不適当。

④ 4 「御上棟祝」は、上棟式（骨組みが完成したときに行う儀式）のときの上書きなのでこの場合は不適当。新築を祝うときの上書きは「御新築祝」などになる。

第5章　実務技能

参考：服装のマナー

192ページで紹介した慶事、弔事の服装例です。

タキシード

モーニング

燕尾服

ダークスーツ

アフタヌーンドレス

イブニングドレス

喪服

第 6 章

準1級
面接対策

Lesson 6-1　準1級面接対策

アクセスキー　J
（大文字のジェイ）

準1級面接対策

サービス接遇検定準1級は、面接試験のみです。
ここでは面接の手順や審査のポイントについて解説します。

面接試験の手順

　　面接試験は、3名一組で行われ、所要時間は、一組10分です。課題は「基本言動」「接客応答」「接客対応」の3つあり、それぞれロールプレイングで行われます。

　　面接の手順は

> 入室 ➡ （3名着席） ➡ 「あいさつ」 ➡ 「基本言動」 ➡ 「接客応答」 ➡ 「接客対応」 ➡ 退室

となります。課題が終わった受験生から退室します。
　　面接室は下記のようになっています。→は、受験者が動く順番です。

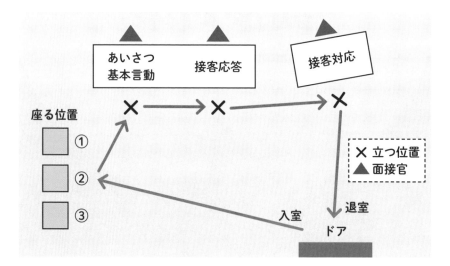

面接試験の入室から退出までの流れ

　面接試験の入室から退出までの流れをまとめ、動作と言葉の注意点を示します。常に前傾で、笑顔で対応するようにしましょう。

行動		態度・表情	接遇言葉・話し方
入室		おじぎ (15度)・笑顔	「失礼いたします」
椅子に座る		座る前におじぎ	
(呼ばれたら)		相手を見て笑顔で返事し黄色い線にかかとをつけて立つ	「はい」
課題あいさつ		相手を見て笑顔で	「○番、○○と申します。よろしくお願いいたします」
基本言動		パネルではなく、相手を見て笑顔で言って、おじぎ (15度) をする	「いらっしゃいませ」
		パネルではなく、相手を見て笑顔で言って、おじぎ (45度) をする	「ありがとうございました」
		パネルではなく、相手を見て笑顔で言って、おじぎをする	「いかがでございますか」
		パネルではなく、相手を見て笑顔で言って、おじぎ (15度) をする	「はい、承知いたしました」
接客応対	A-1	パネルではなく、相手を見て笑顔で言って、おじぎをする	「お客さま、お忘れ物でございますが」
	A-2	上記同様。丁寧な言い方にかえて言う。手で方向をしめす	「ご案内いたしますので、こちらへどうぞ」
	B-1	パネルではなく、相手を見て笑顔で言って、おじぎする。	「お客さま、お荷物をお預かりいたします」
	B-2	上記同様。丁寧な言い方にかえて言う。	「ご注文はお決まりでしょうか」
	C-1	パネルではなく、相手を見て笑顔で言って、おじぎをする	「どうぞご自由にお持ちくださいませ」
	C-2	上記同様。丁寧な言い方にかえて言う。	「こちらのお品 (物) でよろしいでしょうか」

行動	態度・表情	接遇言葉・話し方
接客対応	はじめにおじぎ（30度）	「よろしくお願いいたします」
	野菜のテーブルに近づき、笑顔で売る	「いらっしゃいませ」
	（お客さまが買うといったら）	「ありがとうございます」
終わり	おじぎ（45度）	「ありがとうございました」
退出	出口へ歩き、おじぎ（15度）・笑顔	「失礼いたします」

おじぎ

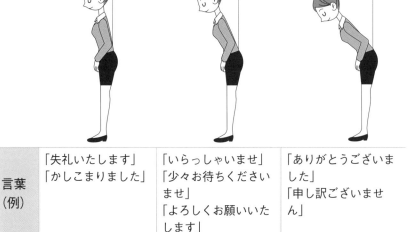

	15度	30度	45度
言葉（例）	「失礼いたします」「かしこまりました」	「いらっしゃいませ」「少々お待ちくださいませ」「よろしくお願いいたします」	「ありがとうございました」「申し訳ございません」
状況	入出室時や廊下をすれ違った時や書類を預かった時などに使います	あいさつやお客さまをお迎えする時などに使います	改まったお礼や謝罪の時などに使います

では、実際にどのように出題されるか見てみましょう。

まずは、「○○番、○○○○（フルネーム）と申します。よろしくお願いいたします」のように面接番号と名前を言います。

基本言動

審査員が提示するパネルの言葉を実際のお客さまに言うように想定して対応する課題です。一人につき4課題あり、言葉だけではなく態度（おじぎ）でも示します。

課題1

お客さまを迎えるときに言う「いらっしゃいませ」の言葉と態度（おじぎ）を審査員に示しなさい。

お客さま（審査員）に対して「いらっしゃいませ」と言って、お客さまを迎えるときのおじぎ（敬礼30度）をします。ここでの表情は笑顔です。

課題2

お客さまが帰るときに言う「ありがとうございました」の言葉と態度（おじぎ）を審査員に示しなさい。

お客さま（審査員）に対して「ありがとうございました」と言って、お客さまが帰るときのおじぎ（最敬礼45度）をします。ここでのおじぎも下げたときに一瞬とめると丁寧です。

課題3

お客さまに品物を見せて「いかがでございますか」と尋ねるときの言葉と態度を審査員に示しなさい。

両手に品物を載せ、お客さま（審査員）に見せるしぐさをして、「いかがでございますか」と、お客さま応対のときの言い方で尋ねる。

課題4

> お客さまに言う「はい、承知いたしました」の言葉と態度を審査員に示しなさい。

　お客さま（審査員）に対して「はい、承知いたしました」と言って、おじぎ（会釈15度）をするなどのしぐさをする。

接客応答

　審査員が提示するパネルの言葉を実際のお客さまに言うように想定して対応する課題です。一人2課題あります。

課題1

> 「お客さま、お忘れ物でございますが」をこのまま言ってください。

　「お客さま、お忘れ物でございますが」と、そのまま言います。

課題2

> 「案内するのでこっちへどうぞ」を丁寧な言い方に直して言ってください。

　「ご案内いたしますので、こちらへどうぞ」などと、丁寧な言葉遣いに言い直します。

課題3

> 「お客さま、お荷物をお預かりいたします」をこのまま言ってください。

　「お客さま、お荷物をお預かりいたします」と、そのまま言います。

課題４

> 「注文は決まったか」を丁寧な言い方に直して言ってください。

「ご注文はお決まりでしょうか」などと、丁寧な言葉遣いに言い直します。

課題５

> 「どうぞご自由にお持ちくださいませ」をこのまま言ってください。

「どうぞご自由にお持ちくださいませ」と、そのまま言います。

課題６

> 「この品物でいいか」を丁寧な言い方に直して言ってください。

「このお品物でよろしいでしょうか」などと、丁寧な言葉遣いに言い直します。

接客対応

　審査員を実際のお客さまだと想定して対応する課題です。テーブルの上に置いてある野菜の商品を販売品に見立てて、お客さまから話しかけられたことに適切に対応します。

●対応例

審査員「それでは、始めます。よろしくお願いします」

受験者「よろしくお願いいたします」

審査員「こんにちは。まー、これ、おいしそうなピーマンね」

受験者「はい、朝採れたての直送ですから、新鮮ですよ」

審査員「そう、それじゃ、ピーマンの肉詰めにでもしようかしら。じゃね、赤と緑のピーマンを１つずついただくわ」

受験者「はい、ありがとうございます、他にはいかがですか。アスパラも新鮮ですよ」

審査員「そうね。いただくわ。全部でおいくらかしら」

受験者「はい、500円ちょうどになります」

審査員「500円ね。ちょうどあります」
受験者「ありがとうございました。また、ご利用くださいませ」
審査員「はい、試験はここまでとします」

　接客対応のロールプレイングが終わったら、審査員から「ロールプレイアドバイスシート」（審査員からのアドバイス）が渡されます。それをもらったら、「ありがとうございました」と言って45度のおじぎをしてからドアのほうに行き、会釈をして退室します。

表現方法のまとめ

立ち居振る舞い	：	自分から来客へ1.5mの距離まで近づいていく（一歩前に出る）
表　情	：	明るい笑顔、親近感を与える穏やかな表情
視　線	：	常にお客さまとのアイコンタクト
おじぎ	：	状況に応じた適切なおじぎ
声や話し方	：	明るさを声で表現する
接遇言葉	：	「いらっしゃいませ、こんにちは」
		「○○さま、いつもありがとうございます」「ありがとうございます」
		「ただいまお包みいたしますので、少々お待ちくださいませ」
		「またのお越しをお待ちいたしております」
セールストーク	：	販売商品の素材・値段・産地などは事前に決めておく

審査の基準とポイント

審査の基準は、下記のとおりです。

- 愛想のある態度（雰囲気）が普通を超えているか。
- 課題に対してどのように対応するか、またサービススタッフに必要な、話し方・態度・物腰が見られるか。

審査のポイントは、下記のとおりです。

- 親近感がある・愛嬌が感じられる・顔の表情が柔らかい
  - ➡ 笑顔・アイコンタクトがみられるか
- 立ち居振る舞い ➡ 自然であるか
- 言い方が柔らかい ➡ 感じがよいか
- 腰が低い ➡ 物腰が柔らかいか

　面接試験ではお客さまに対して、販売員になりきって応対します。面接室に用意してある販売商品を見立てて、自分で応対の流れを決めておきます。お客さまの立場に立った臨機応変な応対が求められています。

模擬試験

模擬試験3級

模擬試験2級

試験時間：3級90分、2級100分

合格基準：理論・実技の両方の分野で
60%以上の得点ができていること。

選択問題

I サービススタッフの資質

問01 次はシルバーホームのスタッフ綾瀬希美が、入居者に接するときに心掛けていることである。中から不適当と思われるものを一つ選びなさい。

(1) 食事をしている人たちには、食事の好き嫌いの話などをしてみんなで楽しく食事ができる手助けをするようにしている。

(2) 会うたびに同じ話をする人がいても、うなずいて感心しながら聞くようにし、聞いたことがあるそぶりは見せないようにしている。

(3) 通るたびに声を掛けてくる人は明るく気さくな人だから、こちらから気を使うことはしないで相手が話してくるのを待つようにしている。

(4) 話し掛けても上の空の人には、何か気になることがあるのかなどと尋ねてしばらくその場にいるようにしている。

(5) 一人の方が気楽だという人にも、毎日のあいさつや天気のことを話題にするなどして一声掛けるようにしている。

問02 ショッピングセンターで総合受付をしている広瀬有沙は主任から、「総合受付は毎日多くの人から質問を受けるのだから、常に良い印象を持ってもらえるように意識すること」と次のように指導された。中から不適当と思われるものを一つ選びなさい。

(1) お客さまが知りたいことを気軽に質問できるように、いつも笑顔を絶やさないようにしていること。

(2) センターに関係のないことを質問されても、センター内のことを答えるのと同じように対応すること。

(3) 高齢者のお客さまの中には耳が遠く聞き取るのに時間のかかる人もいるので、様子を見ながら話をすること。

(4) 質問されたことに答え終わったら他に質問がないかと尋ねるが、目線は次の人に移すこと。

(5) お客さまの質問に答えるときは、親しみを持ってもらえるように柔らかい言い方ですること。

問03 橋本圭太が勤務するイベント会社では、会場スタッフは蛍光色のベストを制服として着用している。あるとき橋本は先輩に、「会場で制服を着ることにはどのような効果があるのか」と尋ねたところ次のように言われた。中から不適当と思われるものを一つ選びなさい。

(1) 開演中で会場が暗いときも蛍光色なら見つけやすいので、スタッフはお客さまを意識せず行動できる。

(2) 臨時スタッフも同じ制服を着るので、一緒にイベントを盛り上げようという一体感を持つことができる。

(3) 制服で統一していると、スタッフの態度や振る舞いも制服と同じようにきちんと統一されていると感じてもらえる。

(4) 制服は会社で決められているので、イベント内容やセンスは気にせずお客さま対応ができる。

(5) 明るく光る制服はお客さまから見て元気があり生き生きしているように見えるので、会社の宣伝としても役立つ。

問04 次は婦人服売り場のスタッフ山本麻衣子が、お客さまから話し掛けやすいと思ってもらうために意識していることである。中から不適当と思われるものを一つ選びなさい。

(1) 尋ねやすい所にスタッフがいるとお客さまはうれしいものだから、常にお客さまに合わせて行動するようにしている。

(2) 話し掛けやすさは、スタッフの内面からも感じ取れるものだから、何事も前向きな気持ちで取り組むようにしている。

(3) お客さまはスタッフの様子を何気なく見ているものだから、接客中でないときも柔和な表情を崩さないようにしている。

(4) 目が合うとお客さまは話し掛けるきっかけをつくりやすいから、常に店内全体に目を配るようにしている。

(5) 話し掛けやすいと思ってもらえるように、誰に言うでもなく「いらっしゃいませ」などと声を出すようにしている。

問05 次は、販売店に就職したばかりの多田真幸が、新人スタッフとして心掛けようと考えたことである。中から不適当と思われるものを一つ選びなさい。

(1) レジが混んで列ができているときなどは、手伝えることはないか、積極的に先輩に尋ねるようにしよう。

(2) お客さまから聞いたことがない商品について質問されたら、就職したばかりでわからないと正直に言って謝ろう。

(3) 自分が出来る仕事はまだ限られているから、せめて生き生きとした表情と張りのある声で来店のお客さまを迎えよう。

(4) お客さまから時間のかかる面倒なことを頼まれても、嫌な顔は見せずに丁寧な仕事をしよう。

(5) 敬語に自信がないが率先してお客さまに対応し、少しでも早く接客の仕事に慣れるようにしよう。

II 専門知識

問06 次は用語とその意味の組み合わせである。中から不適当と思われるものを一つ選びなさい。

(1) 一見の客　　＝　なじみでない初めての来店客のこと。

(2) 書き入れ時　＝　品物の売れ行きが特によい時期のこと。

(3) 本舗　　　　＝　特定の商品を作って販売する大元の店のこと。

(4) 目玉商品　　＝　客寄せを目的とした特売品のこと。

(5) 定番商品　　＝　特定の商標がない大量生産品のこと。

問07 スーツ専門店の婦人服コーナー担当の新河優は、店長から「あの店で買ってよかったと満足してもらえるようにプロのサービスを心掛けること」と言われた。次は新河が、具体的にどのようにしたらよいか考えたことである。中から不適当と思われるものを一つ選びなさい。

(1) どれにしようか迷っているお客さまには、それぞれの特色を説明しながら、自分の好みを話して決めてあげたらどうか。

(2) 買いたいがどれだけよいか分からないというお客さまには、そのとき売れ行きのよいデザインや色のものを教えてあげたらどうか。

(3) 買うスーツが決まったお客さまには、スカーフでこんな変化も楽しめると、合わせやすいスカーフを教えてあげたらどうか。

(4) スーツには色合いによる季節感があるので、気にしてないお客さまには教えてあげたらどうか。

(5) スーツはインナーとの組み合わせで着たときの雰囲気が違うので、組み合わせ方を教えてあげたらどうか。

問08 スニーカー販売の窪塚洋一が開店の準備をしていると、急ぎ必要になったと言ってお客さまが来店した。店内はまだ陳列中で雑然としている。この場合、窪塚はどのように対応するのがよいか。次の中から適当と思われるものを一つ選びなさい。

(1) 近くに同じような店があるので、急ぐならそちらへ行った方がよいのではないかと言う。

(2) まだ陳列中なので品ぞろえも不十分で、満足に選ぶことができないと思うと言って断る。

(3) 開店前なので気に入った品があっても買い上げは開店まで待ってもらうことになると言う。

(4) 急ぎであってもまだ開店時間前だから、時間まで待ってもらえないかと言う。

(5) 開店の準備で手が離せないが、それでもよければどうぞと言って入ってもらう。

問09 レストランに勤務している街田奈菜は、誕生日などのお祝い事で利用したいという予約の電話をよく受ける。次は街田が、そのようなお客さまへの当日サービスとして考えたことである。中から不適当と思われるものを一つ選びなさい。

(1) 友人の誕生日祝いだという時は、予約のお客さまに確認して席にバースデーカードを置くようにしようか。

(2) 祝いはめでたいことだから、スタッフも一緒に歌うなどしてお客さまの会が華やかになるサポートをしようか。

(3) 誕生祝いのお客さまには、祝いの気持ちを込めて次に来店した時に使えるホールケーキ無料券をプレゼントしようか。

(4) 祝い事ということだから窓際の眺めのよい席に案内し、非日常を味わってもらうようにしようか。

(5) 小さな子供連れだというお客さまには、気兼ねなく自由に動き回れるよう個室の案内をしようか。

Ⅲ 一般知識

問10 次の「　」内は下のどの用語を説明したものか。中から適当と思われるものを一つ選びなさい。

「新薬の特許期間の切れた後に他社が製造する、新薬と同じ成分の医薬品」

(1) 特定保健用食品
(2) 医薬部外品
(3) メタボリックシンドローム
(4) ジェネリック医薬品
(5) サプリメント

問11 次は、慣用句とその説明の組み合わせである。中から不適当と思われるものを一つ選びなさい。

(1) 腹を割って話す　＝　本当の気持ちを打ち明けること。
(2) 眉に唾を塗る　＝　騙されないように用心すること。
(3) 口が過ぎる　＝　言ってはならないことまで言うこと。
(4) 爪に火をともす　＝　極端に倹約していること。
(5) 尻に火が付く　＝　多額の借金が返せなくなること。

IV 対人技能

問12 歯科医院の受付スタッフ有村晴香は、「今月8日に予約したい」という電話を受けた。確認すると、その日は予約がいっぱいで空きがない。このような場合、有村はどのように言うのがよいか。次の中から言い方が不適当と思われるものを一つ選びなさい。

(1)「その日は予約で埋まっております。申し訳ございません」
(2)「翌週の同じ曜日でしたら空いているのですが、申し訳ございません」
(3)「申し訳ございません。ご指定の日は予約がいっぱいで難しい状況です」
(4)「申し訳ございませんが、8日は空きがございません」
(5)「そのお日にちの予約は無理です。申し訳ございません」

問13 家電量販店の新人スタッフ坂口宗太郎は店長から、「お客さまへの言葉遣いはもっと丁寧にすること」と言われた。次はそのとき具体的に指導されたことである。中から不適当と思われるものを一つ選びなさい。

(1) 注文品を発送するかどうか尋ねるときは、「配送希望ですか」ではなく「配送をご希望になられますか」と言うこと。
(2) 二つのデザインから選んでもらうときは、「どっちがいいですか」ではなく「どちらがよろしいですか」と言うこと。
(3) 在庫の確認に時間がかかる時は、「ちょっと時間がかかりますが」ではなく「少々お時間を頂きますが」と言うこと。
(4) お客さまから要望を受けるときは、「分かりました」ではなく「かしこまりました」と言うこと。
(5) 薦めた商品について尋ねるとき、「これはどうですか」ではなく「こちらはいかがでしょうか」と言うこと。

問14 和風料理店のスタッフ片岡玲那は店長から、「お客さまが満足するのはスタッフが気を利かせた応対をしたとき」と教えられた。次はそのことを意識して言った片岡のお客さま応対である。中から不適当と思われるものを一つ選びなさい。

(1) 空いている席がなく詰めて座ってもらったグループ客に、「広い席が空きましたらご案内いたします」
(2) 注文を受けた後で持ち帰り用の料理も頼まれたとき、「お持ち帰りのご注文は、お帰りのころ承ります」
(3) メニューを見ていたお客さまにお薦めを聞かれたとき、「こちらは本日入荷の旬の魚を使った料理です」
(4) 注文の料理がなかなか決まらないお客さまに、「また参りますので、ごゆっくりどうぞ」
(5) 連れのいないお客さまを案内するとき、「カウンター席もございますが、いかがなさいますか」

問15 次は旅行会社のスタッフ佐々木さとみが、今日は休暇を取っている同僚の佐藤あてにかかってきた電話に出たときの対応である。中から不適当と思われるものを一つ選びなさい。

(1) 佐々木も何度か会ったことのある佐藤の友人に、「こんにちは、佐々木です。佐藤さんは今日お休みですが、お急ぎのご用ですか」

(2) 先日の団体旅行で佐藤さんにお世話になったと礼を言うお客さまに、「本日は佐藤は休んでおりますので、明日早速伝えます。ご丁寧にありがとうございました」

(3) 昨日佐藤さんに電話した者だというお客さまに、「佐藤は本日休暇を取っております。明日は出社いたしますので、改めてご連絡いただけますでしょうか」

(4) 頼んだ乗車券を変更したいというお客さまに、「佐藤は本日休暇を取っておりますので、私が代わりに承りますが」

(5) 佐藤さんに薦められた旅館に泊まってきたと話すお客さまに、「宿はいかがでしたか。ご満足いただけましたでしょうか」

問16 次は、ビジネスホテルのフロント係、松田凌太のお客さま応対である。中から不適当と思われるものを一つ選びなさい。

(1) ロビーの館内案内をじっと眺めていたお客さまに、「どちらをお探しでしょうか。よろしければご案内いたしますが」と言った。

(2) 宿泊客の○○さんを呼んでもらいたいというお客さまに、「外出中ですので、メッセージをお預かりいたしましょうか」と言った。

(3) まだチェックインの時刻前なので荷物を預かってもらいたいというお客さまに、「後でお部屋まで運んでおきましょうか」と言った。

(4) 夜到着してこれから食事をしてくるといったお客さまに、「お店をご案内する必要はございませんか」と尋ねた。

(5) 左右を見回しながら玄関から入ってきたお客さまに、「初めてのお客さまですね。フロントはこちらです」と言った。

問 17 次はスポーツ用品のレジ担当濱田文弥のお客さま応対である。中から不適当と思われるものを一つ選びなさい。

(1) 領収書の宛て名を書くとき、お客さまの会社名で分からない漢字があったので、別のメモ用紙に書いてもらった。

(2) 前のお客さまの会計が終わらないうちに、次のお客さまがカウンターに代金を置こうとしたので、こちらで預かると言った。

(3) 注文してあるラケットは届いているかと尋ねてきたお客さまに、そのときのお客さま控えを確認させてもらいたいと言った。

(4) サイズの違うランニングウエアを2枚持ってきたお客さまに、サイズが違うが間違いはないかを確認した。

(5) ギフト券で支払いたいというお客さまに、券の種類を尋ね、店で取り扱っているかどうか確認をしてから預かった。

問 18 市役所総合案内の桐谷三咲は主任から、「来所した人が気持ちよく利用できるように役所内の環境を整えるのも大切な市民サービス」と言われた。次は桐谷が同僚と、具体的にはどのようにしようか話し合って出た意見である。中から不適当と思われるものを一つ選びなさい。

(1) 自由に持ち帰れるリーフレットなどは、開催日や締切日をこまめにチェックして入れ替えるようにしようか。

(2) 窓口で相談を終えた人が椅子を出したままにしたときは、次の人のために元に戻してもらうよう声を掛けようか。

(3) いつも混雑しているような所は、来所者の動線に問題がないかレイアウトを検討し、必要なら案内係をしようか。

(4) 記入台にある記入見本は、古くなると印象が悪いので期間を決めて取り換えるようにしようか。

(5) 環境を整えることの中には職員の対応も入るので、職員全員で明るい受け答えを心掛けるようにしようか。

問19 次はディスカウントショップの新人スタッフ井上彩夏が、お客さまからの苦情への対応の仕方として考えたことである。中から適当と思われるものを一つ選びなさい。

(1) 苦情はさまざまだから、苦情の内容が分からないうちは余計なことは言わず、聞くことに専念するのがよいのではないか。

(2) 接客に対しての苦情だったときは、今後の参考にするために、お客さまにどうすればよかったのか尋ねるのがよいのではないか。

(3) 苦情は原因がどこにあったとしても店に対する苦情と受け止め、まず謝り、どのような要望も受け入れるのがよいのではないか。

(4) 商品の苦情を言われた場合は、店として謝ってから、メーカーにも連絡をして謝ってもらうのがよいのではないか。

(5) 苦情にはお客さまの感情によるものもあるので、感情的なものかどうかを明らかにしてから謝るのがよいのではないか。

問20 文具売り場のスタッフ吉野麻沙美は後輩から「御祝」という上書きのご祝儀袋は、例えばどのようなときに使うのかと尋ねられた。次はそのとき吉野が答えた例である。中から不適当と思われるものを一つ選びなさい。

(1) 職場の上司が家を建てたとき。

(2) 親戚のピアノの発表会に行くとき。

(3) 世話になった人にお礼するとき。

(4) 両親の結婚記念日のとき。

(5) 取引先の人が栄転するとき。

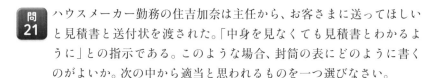

問 21 ハウスメーカー勤務の住吉加奈は主任から、お客さまに送ってほしいと見積書と送付状を渡された。「中身を見なくても見積書とわかるように」との指示である。このような場合、封筒の表にどのように書くのがよいか。次の中から適当と思われるものを一つ選びなさい。

(1) 見積書送付
(2) 見積書在中
(3) 見積書同送
(4) 見積書封入
(5) 見積書同封

記述問題

Ⅳ 対人技能

問 22 次の下線部分を、意味を変えずにお客さまに言う丁寧な言い方に直しなさい。

(1) <u>どんな</u> <u>用件</u> で <u>来た</u> のでしょうか。
      a   b   c

(2) 番号札を <u>受け取ったら</u> 椅子に <u>座って待って</u> ください。
           a   b

問 23 次は小物売り場スタッフの南雲明日香が若い男性のお客さまから、就職後の初給料で母にスカーフを買いたいと相談されたときお客さまに言った言葉である。「　」内を、意味を変えずにお客さまに言う丁寧な言葉に直しなさい。

「お母さんの好みと予算を聞かせてもらえれば、いくつか持ってきますよ」

V 実務技能

次はレンタカー会社のスタッフ清水翔也が、貸し出す車の所へお客さまを案内しようとしている絵である。清水の様子を見て、①お客さまが不愉快そうな顔をしているのはなぜか。またこの場合、②清水はどのように案内するのがよいか。それぞれ答えなさい。

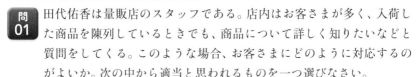

2級模擬試験

選択問題

I サービススタッフの資質

問01 田代佑香は量販店のスタッフである。店内はお客さまが多く、入荷した商品を陳列しているときでも、商品について詳しく知りたいなどと質問をしてくる。このような場合、お客さまにどのように対応するのがよいか。次の中から適当と思われるものを一つ選びなさい。

(1) すぐに行くので少し待ってもらいたいと言って陳列の作業を中断して、どのようなことかと対応するのがよい。
(2) 今は陳列中で手が離せないので、手の空いている他の店員に質問した方が詳しく聞けると答えるのがよい。
(3) いったん手を休めてお客さまに体を向け、作業中なので他の店員に聞いてもらいたいとお願いするのがよい。
(4) お客さまは陳列中だと分かって質問してくるのだから、陳列を続けながら答えるのがよい。
(5) 手は休めず顔だけはお客さまに向けて、伺いますと言ってできるだけ質問に答えるのがよい。

問02 派遣スタッフの前沢さとみは、お歳暮の特設売り場に店頭スタッフとして派遣されることになった。次はそのとき上司から仕事の仕方として指導されたことである。中から不適当と思われるものを一つ選びなさい。

(1) 派遣スタッフは正社員の手助けをするのが仕事だから、仕事の範囲をわきまえて控えめなお客さま応対をすること。
(2) お客さまの質問に答えられないときは正社員に答えてもらうが、そのときはやりとりを聞いていて参考にすること。
(3) 接客はプロとしてするのだから、お客さまに満足してもらえるよう、自分が買い物するときのことをイメージして対応すること。
(4) 接客の仕方や方針などは店によって違うので、その店で指示された以外の仕方を自分の判断でしてはいけない。
(5) お客さまから見れば派遣スタッフも正社員も関係ないのだから、それと分かるような接客の仕方はしないこと。

問 03 カフェスタッフの田中圭介は店長から、新規スタッフたちにお客さま応対の指導をするようにと言われた。次は田中がどのように指導したらよいか考えたことである。中から不適当と思われるものを一つ選びなさい。

(1) 指導したことが改善できたときは、小さなことでもすぐに褒めて、応対に自信を持ってもらうようにしようか。

(2) なかなかうまくできないスタッフには、できている先輩スタッフの名前を挙げて、まずはまねしてみるようにと言おうか。

(3) ただ口頭で指導するだけでなく、実際に動いて手本を見せると指導効果も上がるのではないか。

(4) 頭で分かっても実際にできなければ意味がないから、なぜそうするかという説明はせずに、体で覚えてもらうようにしようか。

(5) 基本的なことはマニュアルを作成して、後で見直したり一人で練習したりできるようにしようか。

問 04 次は、ある携帯ショップのスタッフたちの仕事ぶりである。中から「サービススタッフとしての資質はあるが、まだ販売スタッフの適性になっていないもの」を一つ選びなさい。

(1) 元気で冗談が好きなので、お客さまが気安く感じ、名指しで問い合わせの電話を受けることが多い。

(2) 人懐っこい性格なので、誰とでも親しくなり、時には友達のように親身にお客さまの相談に乗っている。

(3) きちょうめんな性格だから、どのお客さまにも丁寧に接し、応対はマニュアルを超えないようにしている。

(4) おしゃべり好きで話題が豊富だから、買い上げ後もお客さまと笑顔で世間話をしている。

(5) おっとりした性格なので、きつい言い方をするお客さまでも気にせず冷静に商品を薦めている。

問05 クリニックに勤務している安藤彰は先輩から、患者さんには思いやりを持って接することが必要と言われた。次はそのことを意識した安藤の患者さん応対である。中から不適当と思われるものを一つ選びなさい。

(1) 浮かない顔の患者さんには、病は気からということもあるので、こちらは明るい表情と態度で接して様子を見るようにしている。

(2) 患者さんも快方に向かうと気分も明るくなるから、その様子が感じられたらもう少しの辛抱と前向きな会話をするようにしている。

(3) 患者さんとの会話はなるべく明るい雰囲気でした方がよいが、病状の話をするときはトーンを落とした調子でするようにしている。

(4) 問診票の記入に手間取っている患者さんを見掛けたら、そばに行って説明が必要かと言いながら見守るようにしている。

(5) あいさつをしても病気が気になって返事が返ってこない患者さんには、大きな声であいさつし直すようにしている。

II 専門知識

問06 美容室のスタッフ杉崎一花はチーフから、「初めてのお客さまは期待と不安の両方を抱いて来店しているのだから、次につなげるにはスタッフの応対が重要になる」と言われた。そこで杉崎は再来店につなげるための応対を次のように考えた。中から不適当と思われるものを一つ選びなさい。

(1) 仕上がりに満足そうなお客さまでも、気になるところがあったらいつでも相談に乗ると言って安心して帰ってもらうのがよいのではないか。

(2) お客さまが仕上がり状態を満足そうに鏡で見ていたら、ヘッドスパもお薦めなので次回ぜひと言いながら、名刺を渡すのもよいのではないか。

(3) 髪型を変えたくて来たというお客さまには、満足するスタイルが提案できるように、ヘアカタログを見せながら希望を尋ねるのがよいのではないか。

(4) 希望のスタイルがあるというお客さまには、イラストで確認した後も、都度尋ねながらカットを進めていくのがよいのではないか。

(5) 初めてのお客さまの不安はいろいろだろうから、施術の前に不安なことを話してもらい、全て説明し納得してもらうのが先ではないか。

問 07 次は「リップサービス」とはどのようなことかについての説明である。中から適当と思われるものを一つ選びなさい。

(1) その人の普段の行動から見た、良い点悪い点を言ってあげること。
(2) 相手に取り入るために、必要以上にお世辞などを言うこと。
(3) その人の肌色や化粧に合った口紅の色を選び出すサービスのこと。
(4) その人の顔形に合う、唇の輪郭の描き方を提案するサービスのこと。
(5) 誕生日に、チューリップの花束を配送するサービスのこと。

問 08 次は観光地の土産物店に勤務している立石麻衣が、店長からお客さまサービスとして教えられたことである。中から不適当と思われるものを一つ選びなさい。

(1) 観光名所の場所を聞かれたときは、道順や移動時間を教えるだけではなく、その日のイベント予定なども教えてあげるとよい。
(2) お客さまが求める土産物を扱っていないときは、たぶんあの店にならあるなどと言いながら、取扱店を調べてあげるようにすること。
(3) ここの景観が気に入ったと言って毎シーズン来てくれるお客さまの顔を覚えていて、また来てくれたときにお礼を言えるようにすること。
(4) 購入のお客さまが他の店で買った土産物をいくつも抱えているときは、宅配便で送った方がよいとアドバイスすること。
(5) 新商品や日持ちがしない生菓子などは手に取りやすい場所に並べ、前を通るお客さまに店頭で試食を勧めるとよい。

問09 観光旅行のスタッフ荒川歩は、30人ほどの町内会団体旅行客の幹事から、「朝の出発時間が早いので朝食にあまり時間をかけられない。バイキング形式にしてもらえないか」という相談を受けた。次は荒川が、この団体客にスムーズに朝食を取ってもらうために考えたことである。中から不適当と思われるものを一つ選びなさい。

(1) 団体客だけ指定席にして、バイキングと同様の料理を配膳しておくのはどうか。
(2) バイキングの列がスムーズに進むように、料理を置く場所を分散するのはどうか。
(3) 他の客のチェックイン時に事情を話し、朝食時間をずらせないかお願いするのはどうか。
(4) 団体客に朝食開始時間より30分早く会場に来てもらうよう頼むのはどうか。
(5) 団体客にはバイキング形式をやめて幕の内などの弁当を提案するのはどうか。

Ⅲ 一般知識

問10 カーシェアリングの営業をしている日浦健は、取り扱っている車に搭載している製品XのリコールをA社が実施するという話を聞いた。この「リコールを実施する」とは、どのようなことか。次の中から適当と思われるものを一つ選びなさい。

(1) 製品Xを再度値下げすると告知すること。
(2) 製品Xの不良部品の交換や点検を無料で行うこと。
(3) 製品Xを消費者に試してもらい使いやすさの調査をすること。
(4) 製品Xの製造をやめること。
(5) 製品Xのデザインや性能を一新すること。

次は「縁起物」と呼ばれる飾り物とその説明の組み合わせである。中から不適当と思われるものを一つ選びなさい。

(1) 恵比寿 ＝ 鯛を釣り上げている商売繁盛の神といわれる七福神の1人。

(2) 飾り熊手 ＝ 商売繁盛を願って、おかめの面や小判などを飾り付けた熊手。

(3) 達磨 ＝ 置くと願い事がかなうといわれ、かなったら赤色に塗る置き物。

(4) しめ飾り ＝ 正月を迎える印として、玄関などに取り付けるしめ縄。

(5) 招き猫 ＝ 客商売の家に置くもので、客を招くしぐさをしている猫。

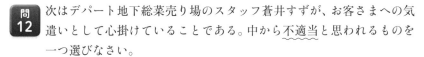

Ⅳ 対人技能

 次はデパート地下総菜売り場のスタッフ蒼井すずが、お客さまへの気遣いとして心掛けていることである。中から不適当と思われるものを一つ選びなさい。

(1) 家族らしい3人で2人前の弁当を購入したお客さまには、お絞りとお箸は3人分付けようかと尋ねるようにしている。

(2) あれこれ迷うというお客さまには、少量ずつ取り混ぜて買うこともできるので、それなら迷わないで済むと言っている。

(3) 総菜は電子レンジで温めた方がよいかと尋ねたお客さまには、30秒ほど温めるとおいしいが、温めすぎに注意と言っている。

(4) 何にしようかと思案顔のお客さまには、並んでいる全ての商品についておすすめポイントを説明するようにしている。

(5) 総菜を見ながら近づいてきたお客さまには、今日のお買い得商品はこちらと紹介し、試食してもらうようにしている。

問13 婦人服店のスタッフ城田奈緒美は店長から、お客さまは自分に似合うかどうかで選ぶのだから、説明するときは、なるほどと思われるような言い方をしないといけないと言われた。次は城田が、そのように言われて行った例である。中から不適当と思われるものを一つ選びなさい。

(1) 体に当てて、太って見えるのではと言うお客さまに、「お客さまが気になさるほど、周りの人は気になりませんよ」と言った。
(2) 買いたいが値段が思ったより高いというお客さまに、「お値段は少々高めですが、お客さまにはぴったりお似合いですよ」と言った。
(3) 鏡の前で体に当ててはいるが、決めきれずにいるお客さまに、「ご試着になるともっとはっきり分かり決めやすくなりますよ」と言った。
(4) いくつもの服を見比べているお客さまに、「お手持ちの物に合わせてお選びになると、着回しが利きますよ」と言った。
(5) 2着を並べて、どちらが似合うかというお客さまに、「どちらもお似合いですが、流行はこちらでございます」と言った。

問14 次はホテルのフロントスタッフ滝沢エレンが、お客さまに言ったことである。中から言い方が適当と思われるものを一つ選びなさい。

(1) お客さまにファックスが届いていらっしゃいます。
(2) お支払いはクレジットでよろしかったでしょうか。
(3) 朝食券をお持ちされて、レストランまでお越しください。
(4) お名前をお申し出いただけますでしょうか。
(5) お荷物の発送は、あちらで承っております。

問15 食品メーカー勤務の錦戸蓮は、製造工場の見学に来るお客さまの案内係を初めて担当することになった。次は錦戸が考えたお客さまの気持ちに添った案内の仕方である。中から不適当と思われるものを一つ選びなさい。

(1) 高齢のお客さまが多い場合、見学コースと所要時間を知らせて、コースの変更もできることを事前に案内するようにしよう。

(2) 説明を聞きそびれるお客さまもいるので、パンフレットを渡し「〇ページにも書いてあります」などと確認しやすいようにしよう。

(3) 大勢の団体客に説明するときは、「私の声は聞こえますか」と後ろの人に尋ね、聞こえない人は前の人と交代してもらうようにしよう。

(4) 校外学習などで小学生を案内するときは、質問しやすいように「分かりましたかー」などと気安く尋ねよう。

(5) あまり興味なさそうなコーナーを説明するときは、誰もが知っている食べ物を関連させるなど説明の仕方を工夫しよう。

問16 飲食店の店長をしている宍戸和輝は常連客から「いい人が入ったね」と言われた。今回何人か新人が入ったのでその人たちのことらしい。この常連客が言う「いい人」とは、新人スタッフのどのような対応のことを言ったのか。宍戸が考えた次の中から不適当と思われるものを一つ選びなさい。

(1) お客さまに「新人さん？」と聞かれたとき、目線を合わせ「はい、そうですが何かご用ですか」と尋ねていた。

(2) 注文を間違えて混乱していたようだが、来店したお客さまには「いらっしゃいませ。ようこそ」と笑顔で迎えていた。

(3) お客さまに早くできるものは何かと聞かれたとき、「セットメニューなら早いですが、他にもあるか聞いてきます」と答えていた。

(4) 食事を終えて席を立とうとしているお客さまに、すぐに「ありがとうございました」と声を掛けていた。

(5) お客さまからの注文を受けたとき、「はい、かしこまりました」と丁寧におじぎをしてから場を離れていた。

2級模試

問17 ホテルの宴会予約担当の二宮玲人は、新人社員歓迎会をしたいというお客さまを担当した。日程と予算はほぼ確定しているという。次は、そのとき二宮がお客さまに尋ねたことである。中から不適当と思われるものを一つ選びなさい。

(1) 飲み物や料理に特に希望はあるか。

(2) 座席のレイアウトはどのようにするのか。

(3) 年齢層や男女比率はどのようになっているか。

(4) 新入社員は何名いるのか。

(5) 特別に用意するものはあるか。

問18 次は、ヨガ教室のインストラクター上村菜穂のレッスン生から言われたことへの対応例である。中から不適当と思われるものを一つ選びなさい。

(1) 同じクラスで苦手な人がいるとレッスン生に相談されたとき、話してもらってよかった、しばらくクラスを変更することもできると言う。

(2) なかなか上達しないと言うレッスン生に、こちらからは順調に上達しているように見えると言いながら上達のポイントをアドバイスする。

(3) エアコンの風が直接当たって寒かったというレッスン生に、気付かずに申し訳なかった、次からは気になったら遠慮なく言ってほしいと言う。

(4) 受付スタッフの愛想が悪いと言うレッスン生に、代わっておわびをするので、ここは私の顔に免じて許してもらえないかと頼む。

(5) 予定していた先生と違うと言うレッスン生に、申し訳ないが今日その先生は休養で休みなので、今回は勘弁してもらいたいと言う。

問19 セレモニースタッフの小松令菜は葬儀で受付を担当することになった。次はそのとき小松が、担当者の心得としてチーフから指導されたことである。中から不適当と思われるものを一つ選びなさい。

(1) 会葬者との受け答えは、どのようなことでも声は小さめにしてしめやかな感じですること。
(2) 葬祭場で受付の仕事はするが、自分たちは親族や関係者ではないので、焼香などはしてはいけない。
(3) 会葬御礼は、「お忙しいところありがとうございました」と言って丁寧におじぎをして渡すこと。
(4) 受付に遺族の関係者がいる場合は、その人の指示に従って仕事をすること。
(5) 葬儀にはいろいろな人が来るが、受付では特に会葬者を区別して対応する必要はない。

問20 山崎優斗が店長をしているコンビニエンスストアでは、最近新たにイートインコーナーを設けたばかりだが、なかなか目が行き届かず汚れがちである。次はそのとき山崎がお客さまに快適に利用してもらうために意識することとして、スタッフに指導したことである。中から不適当と思われるものを一つ選びなさい。

(1) 食べ物によっては店内ににおいがこもりやすいから、タイミングを見て換気をするようにすること。
(2) ゴミがあふれるほど入っているときは、もう一つゴミ箱を置いて次からはそこに入れてもらうようにすること。
(3) 見た目は汚れていなくても汚れはたまるものだから、定期的にテーブルや椅子の手あかなどを拭くようにすること。
(4) 床に髪の毛がよく落ちているので、気が付いたら粘着テープに付着させて取るようにすること。
(5) 手を洗うスペースは水が飛び散りやすいから、こまめにペーパータオルなどで拭くようにすること。

記述問題

Ⅳ 対人技能

問 21 居酒屋スタッフの渡辺千登勢が、グループでコース料理を注文したお客さまに言った言葉である。それぞれ意味を変えずに丁寧な言い方に直しなさい。

(1)「みんなそろったようなので、料理を出してもよいか」

(2)「話し中すみません。この後のデザートはいつ持ってこようか」

問 22 アクセサリー売り場「ABCジュエル」のスタッフ木下香里奈が、顧客の森様に来店を誘う電話をしたところ留守だった。そこで木下は、次の内容を留守番電話に残すことにした。お客さまに言う丁寧な言い方に直して答えなさい。

・ ひいきにしてくれている礼
・ この前買ってくれたネックレスはどうだったか。
・ 秋冬の新作の中で、似合いそうなネックレスがあるので連絡した。
・ 都合のよいときに来てみてくれ。
・ 待っている。

問23 次はブックストアのレジ綾野唯がお客さまに、「○○円のお釣りとポイントカードのお返しでございます。お確かめください」と言って、釣り銭とポイントカードを渡している絵である。それを見て、①お客さまが困ったような顔をしているのはなぜか。またこの場合、②綾野はどのように渡すのがよいか。それぞれ答えなさい。

問24 松谷栄太が勤務しているＡ病院は人の出入りが多い。そこで盗難に遭わないよう入院している患者さんに注意を喚起する掲示文を病院として作成することにした。内容は「盗難が発生している。被害防止のために貴重品などは病室に置かないように。やむを得ない場合はセーフティーボックスに保管してくれ。万が一被害が発生してもうちの病院では責任を取らない」である。この場合の適切な掲示文を書きなさい。

3級模擬試験　解答解説

選択問題

Ⅰ サービススタッフの資質

[問01] (3) 誰にでも公平に接するという心掛けが必要であるため、声を掛けてくる人には気を使わないというのは不適当。

[問02] (4) お客さま対応中に次の人に目線を移すのは、目の前にいるお客さまに大変失礼な対応なので不適当である。

[問03] (1) 蛍光色の制服はお客さまから見つけやすいという利点はあるが、それ以上にスタッフはお客さまを意識して行動しないといけないため、不適当。

[問04] (1) スタッフは必要とされたとき、すぐ対応できるように待機しているのが役目。程よい距離を保ち、お客さまに注意を向けているのがよい。

[問05] (2) 謝るだけではスタッフの心掛けとして不適当。

Ⅱ 専門知識

[問06] (5) 「定番商品」とは、流行に左右されず年間を通して安定した需要のある商品のことである。なお、(1) の「一見の客」は「いちげんのきゃく」と読む。

[問07] (1) お客さまには関係のない、担当者の好みを話して決めてあげるというのは不適当。

[問08] (5) 開店前でお客さま対応ができないなら、それを伝えたうえで入店してもらうのがこの場合の適当な対応。

[問09] (3) ここでは当日にできるサービスを考える。

Ⅲ 一般知識

[問10] (4)

[問11] (5) 「尻に火が付く」とは、物事が差し迫って、落ち着いていられない状態になることである。

Ⅳ 対人技能

[問12] (5) 「無理です」は突き放しているような言い方である。たとえわびていたとしても電話をくれた患者さんに対する言い方ではないので不適当である。

[問13] (1) 「ご希望になられますか」は過剰な敬語 (二重敬語) なので、その指導は不適当。

適切な言い方は「ご希望になりますか」などである。

[**問14**]（2）お持ち帰りの料理は、お客さまが帰るころに渡せるように準備しておかない
といけないため「お帰りのころ承ります」と言うのは不適当。

[**問15**]（3）お客さまから用件を伺い、内容次第で佐藤から連絡させるということはある
が、用件も聞かずにお客さまに改めて連絡するよう言うのは対応として不適
当。

[**問16**]（5）「初めてのお客さま」かどうかは関係ないことなので、このような言い方は不
適当。

Ⅴ 実務技能

[**問17**]（2）代金を先に預かると、間違いの元にもなるため不適当。

[**問18**]（2）次に使う人が気持ちよく使えるように元に戻し整頓するのは当たり前のこと
であるが、それをするのは役所の職員の仕事であり、市民サービスになる。相
談に来た人に整頓を頼もうとするのは間違っているので不適当。

[**問19**]（1）苦情の内容を全て理解した上で対応するのが、誠実で適切である。

[**問20**]（3）世話になった人にお礼をする時の上書きは、「御礼」「謝礼」などになる。

[**問21**]（2）○○が入っていると表面に表示する場合は「在中」が決まり文句。

記述問題

Ⅳ 対人技能

[**問22**]

（1）a　どのような　　　　（2）a　お受け取りになりましたら
　　b　ご用件　　　　　　　　 b　お掛けになってお待ち
　　c　いらした

[**問23**]

「お母さまのお好みとご予算をお聞かせいただければ、いくつかお持ちいたしますよ」

Ⅴ 実務技能

[**問24**]　解答例

① 清水が足を開いたままで、しかも膝を曲げて腰を落としている姿勢が失礼に感じられ
たから。

② 足をそろえて膝を曲げずに立ち、上半身を腰から前倒す前傾姿勢で、手全体で方向を
示して案内する。

選択問題

Ⅰ サービススタッフの資質

[問01]（1）相手は大切なお客さまなのだから作業を中断するのは当たり前のこと。それ
　　　　　が誠実なお客さま対応ということになる。

[問02]（1）派遣スタッフとして仕事の範囲をわきまえることは必要だが、控えめな応対
　　　　　をすることではない。

[問03]（4）頭で分かっていても実際にできなければ意味がないのはその通り。しかし、
　　　　　説明はせずに体で覚えてもらうよう指導するというのは不適当。

[問04]（3）マニュアルは応対の基本であるが、マニュアルを超えない応対では適性とし
　　　　　て不十分である。

[問05]（5）思いやりを持つとは相手の気持ちになること。この場合なら、病気のことが
　　　　　気になり頭がいっぱいなのだろうから、そっとしておいてあげるのが思いや
　　　　　りのある応対。大きな声であいさつし直すなどは相手の気持ちを考えていな
　　　　　いので不適当。

Ⅱ 専門知識

[問06]（5）施術の過程で都度説明しなければ解消しない不安もある。先に全て納得して
　　　　　もらおうと考えたのは不適当。

[問07]（2）「リップサービス」とは口先だけで聞こえのいいことを言うことである。

[問08]（4）宅配は交通手段によって不要なこともあるのに、送った方がよいと言うのは
　　　　　押し付けがましくサービスとはいえず不適当。

[問09]（3）一般の他のお客さまに朝食時間をずらせないかお願いするのは、そのお客さ
　　　　　まに不自由さを強いることになり不適当。

Ⅲ 一般知識

[問10]（2）

[問11]（3）縁起物の「達磨」とは、体が赤色で目が書かれていない置き物。願い事がある
　　　　　ときそれを置き、願いがかなったら目を書き入れる。

Ⅳ 対人技能

［問12］（4）お客さまの好みや事情も分からないうちに、全ての商品の説明をするなどは
売り場スタッフの気遣いとして不適当。

［問13］（1）洋服選びに太って見えることを肯定するような言い方は禁句。この場合、よ
く似合うとか、落ち着いた感じでよいなど、お客さまが納得するような別の
言い方にする。

［問14］（5）（1）「お客さまにファックスが届いています」とする。「いらっしゃいます」は
不要。

（2）「よろしかったでしょうか」は「よろしいでしょうか」が適当。

（3）「お持ちされて」は「お持ちになって」が適当。

（4）「お申し出いただけますでしょうか」は「おっしゃっていただけますでし
ょうか」が適当。

［問15］（3）後ろの人に声が届いているかどうか確認する気遣いはよい。だが、前の人と
交代では、後ろに行った人がまた聞こえなくなるかもしれず、お客さまの気
持ちに添っていないので不適当。

［問16］（1）「何かご用ですか」は素っ気ない言い方で対応として不適当。

Ⅴ 実務技能

［問17］（4）部屋の大きさを決めるために参加人数の確認は必要だが、新入社員の数は関
係がないのでここで尋ねたのは不適当。

［問18］（4）「代わっておわびをする」とか「私の顔に免じて許してもらえないか」などと
言うのではなく、具体的にどのようなことがあったのか教えてほしいと頼む。

［問19］（2）親族でないにしても、故人の冥福を祈って焼香するのはこのような場合の礼
儀であるため、焼香などをしてはいけないとするのは不適当。

［問20］（2）お客さまに快適に利用してもらうためには、ゴミがあふれるほど入っていた
ら片付けるのがスタッフの仕事。もう一つのゴミ箱に入れてもらうなどは、
仕事の仕方が違っているので不適当である。

記述問題

Ⅳ 対人技能

［問21］　解答例

（1）皆さまおそろいのようですので、お料理をお出ししてもよろしいでしょうか。

（2）　お話し中失礼いたします。この後のデザートはいつごろお持ちいたしましょうか。

［問22］　　解答例

　　ABCジュエルの木下香里奈でございます。いつもごひいきにあずかりありがとうございます。先日お求めいただいたネックレスはいかがでしたでしょうか。本日は秋冬の新作の中で、森様にお似合いになりそうなネックレスがございましたので、お電話いたしました。ご都合のよろしいときに、ぜひご来店くださいませ。心よりお待ちいたしております。それでは失礼いたします。

Ⅴ 実務技能

［問23］
① 釣り銭を載せたトレーとポイントカードをそれぞれ片手で持ち、同時に返されたのでどう受け取ればいいのか戸惑っているから。
② 金額が確認できるよう釣り銭を載せたトレーを先に差し出し、お客さまが釣り銭を受け取ってから、ポイントカードを両手で持って返す。
　　※渡す順番はどちらが先でも可

［問24］　　解答例

患者さま各位

　　　　　　　　　　貴重品の取り扱いについて（お願い）

　　盗難が発生しています。被害防止のため、貴重品などは病室に置かないようにお願いします。やむを得ない場合はセーフティーボックスに保管してください。万が一被害が発生しても当院では責任を負いかねます。

　　　　　　　　　　　　　　　　　　　　　　　　　　　　　院長

解答用紙のお知らせ

　模擬試験用の解答用紙は、3級用、2級用それぞれ読者特典として提供しています。Webからダウンロードして印刷してお使いください。読者特典の入手の仕方については、14ページをご確認ください。

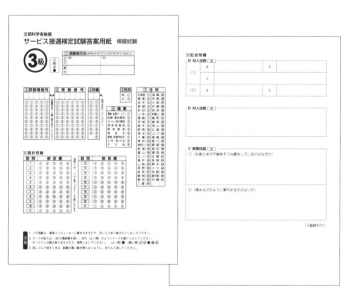

著者紹介

西村この実 にしむらこのみ

青山学院大学大学院経営学研究科博士前期課程修了。経営学修士。株式会社ラ・デタント代表取締役として、企業研修およびコンサルティング、ヒューマンスキル研修、ビジネス系検定講座などを行う。また、公益財団法人実務技能検定協会より委託を受け、秘書検定を含むビジネス系検定の試験運営に協力している。秘書技能検定試験準1級面接審査委員、サービス接遇検定準1級面接試験運営委員、公益財団法人実務技能検定協会評議員、産業カウンセラー、キャリアコンサルタント。秘書検定、マナー講座、接遇関係の書籍の執筆多数。現在、比治山大学短期大学部教授。

装丁・本文デザイン：cycledesign
表紙・本文イラスト：松屋真由子
本文イラスト：大和田雪子
組版：K's Production

サービス業教科書 すらすら合格
サービス接遇検定 準1級・2級・3級
テキスト&問題集

2021年9月22日　初版　第1刷　発行
2024年5月10日　初版　第3刷　発行

著　者：西村この実
発行人：佐々木幹夫
発行所：株式会社翔泳社（https://www.shoeisha.co.jp/）
印刷・製本：株式会社広済堂ネクスト

©2021　Konomi Nishimura

ISBN978-4-7981-7005-3
Printed in Japan